Wer lebte wo in Berlin

Von Christiane Kruse

Die Schrift-
stellerin Hedwig
Courths-Mahler
lebte von 1914
bis 1932 in Ber-
lin-Charlotten-
burg in der
Knesebeck
straße 12

PRESTEL

München · Berlin · London · New York

Inhalt

Der Wittenbergplatz in Berlin-Schöneberg, 1927

Ob als preußische Residenz, expandierende Reichshauptstadt, schillernde Kulturmetropole oder Industriestandort – immer ist Berlin ein Anziehungspunkt kreativer Persönlichkeiten gewesen. Die Stadt brachte bedeutende Schriftsteller, Künstler, Musiker und Schauspieler sowie Wissenschaftler, Industrielle und Politiker hervor. Vielen wurde sie Wahlheimat oder eine wichtige Lebensstation. Einen unersetzlichen Verlust an Kultur und Lebensstil erlitt sie erst mit der Machtergreifung der Nationalsozialisten. Viele Prominente, darunter Kurt Tucholsky, Heinrich Mann und Max Reinhardt, verließen Berlin und Deutschland für immer.

Wo in der Stadt haben sie gewohnt? Welchen Lebensstil hatten sie? Lebten sie in einfachen Verhältnissen? Zurückgezogen in einer normalen Mietwohnung wie der Arzt und Dichter Gottfried Benn? Oder in einer repräsentativen Villa am Rande der Stadt wie die Industriellenfamilie Borsig, deren Eisengießerei eines der ersten Berliner Großunternehmen war? Diese Fragen beantwortet das Buch.

Viele Wohnhäuser haben den Lauf der Zeiten und die Bomben des Zweiten Weltkriegs nicht überstanden. Die Adressen so bedeutender Bürger Berlins wie Bettine von Arnim oder Theodor Fontane sind für immer verschwunden. Wir finden aber noch heute so legendäre Orte wie das Atelier des Milljöh-Malers Zille oder das Wohnhaus der wohl berühmtesten Berlinerin: Marlene Dietrich.

Eine Auswahl von 58 Kurzbiografien bekannter und auch fast vergessener Berliner und Wahlberliner führt zu ihren einstigen Lebens- und Wirkungsstätten. Neben den Gründerzeitbauten der westlichen Innenstadt um den Kurfürstendamm lernt man einige Villen der noblen Viertel am Stadtrand – wie den Grunewald – kennen. Barockpaläste und klassizistische Wohnhäuser sind im alten Zentrum Berlins, dem heutigen Bezirk Mitte, zu finden.

Darüber hinaus erhält man weitere Informationen: Wo etwa ist das Grab des Theologen Schleiermacher zu finden, oder das Murnaus, des großen Filmpioniers? In welchen Berliner Museen hängen Bilder des bedeutenden impressionistischen Malers Max Liebermann? So führt das Buch anhand ausgewählter interessanter Persönlichkeiten durch drei Jahrhunderte Berliner Kulturgeschichte.

In dem alten Wärterhäuschen in Berlin-Reinickendorf wohnte die Künstlerin Hannah Höch von 1939 bis zu ihrem Tod 1978

**Adalbert
BEGAS**

Maler, Kupfer-
stecher
(1836 Berlin –
1888 Nervi
bei Genua)

Berlin-
Tiergarten,
Genthiner
Straße 30 I

Wegen seiner versteckten Lage nur wenig bekannt ist der ›Begas-Winkel‹, den man nur durch eine Durchfahrt in der Genthiner Straße erreicht. Die Überraschung könnte nicht größer sein, denn im Rücken moderner Geschäftshäuser stößt man unerwartet auf eine historische Insel: Um einen idyllischen Platz mit einer Brunnenanlage gruppiert sich ein Halbkreis zweistöckiger spätklassizistischer Stadtvillen.

Der Hofbaurat Ernst Klingenberg hat die Wohnanlage 1872 als Spekulationsobjekt erbaut und die Häuser anschließend an wohlhabende Interessenten verkauft.

Im Haus Nr. 30 I wohnte der Maler **Adalbert Begas**, nach dem die exklusive Wohnanlage ihren Namen hat. Noch heute sieht man das große Fenster seines Ateliers im ersten Stock, wo der Italienverehrer seine Genreszenen vom italienischen Volksleben und andere Gemälde romantisch-idyllischen Inhalts schuf. Der heute fast vergessene Maler war ein Mitglied der bekannten Berliner Künstlerfamilie Begas. Bereits sein Vater Karl

Selbstbildnis,
um 1880

In der spätklassizistischen Villa lebte und arbeitete das Künstlerpaar Begas

war Maler, die Brüder Karl, Reinhold und Oskar wurden ebenfalls Maler oder Bildhauer. Seit 1877 war Adalbert Begas mit der Malerin Luise Parmentier verheiratet, die ihn 32 Jahre überlebte.

Gottfried BENN

Schriftsteller, Arzt (1886 Mansfeld/ Westprignitz – 1956 Berlin)

Berlin-Schöneberg, Bozener Straße 20

Benn im April 1947

»[...] Es sind vier Zimmer, eines für meine Praxis, eines für die meiner Frau, ein gemeinsames Wartezimmer und ein Hofzimmer, wo wir privat wohnen. Wenn mal jemand herkommt, was Gott sei Dank selten der Fall ist, ist er entsetzt über dies Hinterzimmer (parterre), wo im Hof die Wäsche des ganzen Hauses hängt und die Hühner gackern [...], aber mich stört das alles nicht, ich bin völlig unabhängig von äußeren Dingen [...]«, schrieb **Gottfried Benn** 1949 an Thea Sternheim. Die Wohnung im Erdgeschoss rechts hatte er schon 1937 gemietet, war hier aber erst ab 1945 als Hautarzt tätig. Seit 1946 war er in dritter Ehe mit der Zahnärztin Ilse Kaul verheiratet.

Benn führte zeit seines Lebens eine Doppelexistenz als Arzt und Dichter. Schon als junger Arzt – 1917 hatte er seine erste Praxis am Kreuzberger Mehringdamm 38 eröffnet – gehörte er zu den literarischen Größen des expressionistischen ›Sturm‹-Kreises um Else Lasker-Schüler. Seine Erfahrungen als Arzt finden sich in Gedichten wie ›Mann und Frau gehen durch die Krebsbaracke‹ wieder.

2. Haus von rechts: Benn lebte hier von 1937 bis zu seinem Tod 1956

Benn gilt als einer der besten deutschen Lyriker des 20. Jahrhunderts, wurde aber für seine anfängliche, bald widerrufene Begeisterung für den Nationalsozialismus kritisiert.

Sein Grab liegt auf dem Waldfriedhof Dahlem.

Dietrich BONHOEFFER

Ev. Theologe, Widerstandskämpfer (1906 Breslau – hingerichtet 1945 Konzentrationslager Flossenbürg)

Berlin-Wilmersdorf (Grunewald), Wangenheimstraße 14

Mit sechs Jahren kam **Dietrich Bonhoeffer** nach Berlin, wo sein Vater, der Psychiater und Neurologe Karl Bonhoeffer, einen Ruf an die Universität erhalten hatte. Als sechstes von acht Geschwistern verbrachte er eine Kindheit in gutbürgerlichen, behüteten Verhältnissen. Die Liberalität seines Elternhauses, das Nationalismus und Antisemitismus zutiefst ablehnte, legte früh den Grundstein zu seiner unbeugsamen Haltung im Nationalsozialismus.

Seit 1916 bewohnte die Familie die Villa in der Grunewalder Wangenheimstraße 14. Mit Hans von Dohnanyi, seinem späteren Schwager und Gefährten im Widerstand, besuchte Bonhoeffer das prominente Grunewald-Gymnasium (heute Walther-Rathenau-Oberschule), wo er 1923 Abitur machte.

Obwohl Bonhoeffer in verschiedenen Städten studierte und auch einige Zeit im Ausland verbrachte, blieb Berlin immer das Zentrum seines Lebens. Hier legte er 1927 die Doktorprüfung ab und habilitierte sich 1930. Nach seinem Studium war er Privatdozent, Studentenpfarrer an der Technischen Hochschule und betreute eine Konfirmandenklasse im Wedding.

Dietrich Bonhoeffer

Von Anfang an geriet Bonhoeffer in Konflikte mit dem Nazi-Regime. Schon 1933 übte er Kritik an der einsetzenden Judenverfolgung und der Einstellung der Kirche dazu. Fern ab von kirchlichen Dogmen predigte Bonhoeffer selbstloses, verantwortliches Leben und Handeln. Sein christliches Ethos drängte ihn rasch ins politische Abseits. Er wurde zu einer zentralen Figur der ›Bekennenden Kirche‹, die von der offiziellen Kirchenregierung als illegal betrachtet wurde. Mit Pastor Niemoeller gründete er außerdem den Pfarrernotbund, der verfolgten Pfarrern half. 1936 entzog man ihm die Lehrberechtigung, 1940 erhielt er Rede- und Publikationsverbot, womit ihm die Ausübung seines Berufs praktisch unmöglich wurde.

Für die Widerstandsgruppe der militärischen ›Abwehr‹ um Admiral Canaris, in der auch sein Schwager Hans von Dohnanyi engagiert war, unternahm Bonhoeffer nun Auslandsreisen, um westliche Staaten über die Arbeit des Widerstands zu informieren. Am 5. April 1943 wurde er bei seinen Eltern, die inzwischen das Haus Marienburger Allee 43 in Berlin-Charlottenburg bewohnten, verhaftet.

Bis Oktober 1944 saß er zunächst im Militärgefängnis Tegel, dann im Kellergefängnis der Gestapo in der Prinz-Albrecht-Straße. Am 9. April 1945 wurde er mit Admiral Canaris und Oberst Hans Oster im KZ Flossenbürg erhängt. Auch sein Bruder Klaus und seine beiden Schwäger Hans von Dohnanyi und Rüdiger Schleicher wurden als Widerstandskämpfer ermordet.

Zeugnisse seiner mutigen und ungebrochenen Haltung sind die zahlreichen Briefe, Abhandlungen und Gedichte, die dieser große Märtyrer des 20. Jahrhunderts im Gefängnis schrieb.

Bonhoeffers
Elternhaus

Conrad und Ernst von BORSIG

Industrielle
(1873 – 1945 bzw. 1869 – 1933)

Berlin-Reinickendorf (Tegel), Halbinsel Reiherwerder, ›Villa Borsig‹

Conrad und Ernst von Borsig, die Enkel des ›Lokomotivkönigs‹ August Borsig, haben sich die Villa 1911–13 von Alfred Salinger & Eugen Schmohl direkt am Tegeler See erbauen lassen. Die Lage des Grundstücks war nicht nur schön, sondern auch zweckmäßig: Am gegenüberliegenden Seeufer waren die noch heute erhaltenen Werksanlagen der Familie, die Borsig-Werke, eingerichtet worden.

Das Anwesen zeugt vom Wohlstand und vom hohen gesellschaftlichen Status dieser erfolgreichen Berliner Unternehmerfamilie. Die Villa liegt in einem weitläufigen Landschaftspark, früher mit Teepavillon, Tennisplatz und Bootshafen versehen. Die Architektur orientiert sich selbstbewusst an aristokratischen Vorbildern: Der halbrunde Vorbau

Conrad von Borsig (links), um 1930, und Ernst von Borsig, 1919

und die Säulenhallen an der Gartenseite erinnern an Schloss Sanssouci bei Potsdam.

Seit 1894 leiteten die Brüder die Borsig-Werke. 1896/97 hatten sie die Produktion, die zuvor über drei verstreut liegende Fabriken verteilt war, auf den Tegeler Standort kon-

Wohnsitz der Unternehmer-Familie von 1913 bis 1937 – Aufnahme der Gartenseite

zentriert. Borsig war eines der bedeutendsten preußischen Industrieunternehmen. Von August Borsig 1837 mit nur 50 Arbeitern gegründet, war das Werk 1860 mit 2 000 Arbeitern bereits einer der großen Arbeitgeber Berlins. 1841 wurde hier die erste Lokomotive Deutschlands gebaut. 1858 verließ bereits die 1000. das Werk.

Bertolt
BRECHT

**Schriftsteller,
Regisseur
(1898 Augs-
burg – 1956
Berlin)**

**Berlin-Mitte,
Chaussee-
straße 125**

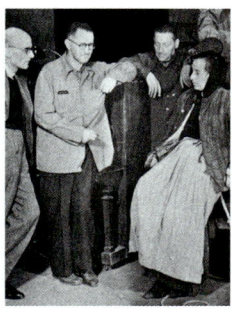

Am 14. August 1956 starb **Bertolt Brecht** als hochgeehrter Dramatiker und Theaterregisseur in seiner Wohnung in der Chausseestraße 125. Drei Jahre hatte er hier gelebt: Hinterhaus, erster Stock, drei Zimmer mit Blick auf den Dorotheenstädtischen Friedhof. Auf diesem Gelehrtenfriedhof, wo Fichte und Hegel begraben liegen, fand er selbst seine letzte Ruhestätte.

Brecht bei der Arbeit an ›Mutter Courage‹ (v.l.n.r.: Erich Engel, Bert Brecht, Paul Dessau, Helene Weigel)

Im selben Haus, eine Etage über ihm, wohnte auch seine Frau, die Schauspielerin Helene Weigel. 15 Jahre später wurde auch sie auf dem benachbarten Friedhof bestattet.

1948 aus langjährigem Exil nach Berlin zurückgekehrt, hatten beide im Ostteil der Stadt ihr eigenes Theater gegründet. Mit seinem legendären ›Berliner Ensemble‹ inszenierte Brecht zahlreiche eigene Stücke, wie ›Der Kaukasische Kreidekreis‹ und ›Mutter Courage‹, häufig mit Helene Weigel in der Hauptrolle. Gespielt wurde seit 1954 im ehemaligen ›Theater am Schiffbauerdamm‹, dem Ort, wo bereits 1928 Brechts Welterfolg, die ›Dreigroschenoper‹, uraufgeführt worden war.

Seit 1978 ist das Haus in der Chausseestraße eine Brecht-Forschungs- und Gedenkstätte. Die ehemaligen Wohnräume können besichtigt werden.

Brecht lebte hier von 1953 bis zu seinem Tod 1956

**Bildhauer
(1900 Elber-
feld – 1991
Düsseldorf)**

**Berlin-
Zehlendorf
(Dahlem),
Käuzchen-
steig 8–12**

Das am Rande des Grunewaldes gelegene Ateliergebäude wurde 1938 eigens für **Arno Breker** erbaut. Hier produzierte er monumentale Skulpturen für die nationalsozialistischen Neubauten Berlins, das Albert Speer nach einer größenwahnsinnigen Idee Hitlers zur Reichshauptstadt ›Germania‹ ausbauen sollte. In dem riesigen, über zwei Stockwerke reichenden Atelier entstanden u.a. der Fackel- und der Schwertträger für die ehemalige Reichskanzlei in

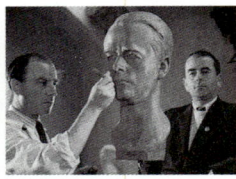

der Voßstraße. Seine heroisch-athletischen Figuren bestückten auch das Reichssportfeld mit dem Olympiastadion. Breker, seit 1937 Professor an der Berliner Kunsthochschule, schuf gleichzeitig Büsten vieler Nazi-Größen. Ein wahrer Zynismus der Geschichte ist es, dass er dem jüdischen Maler Max Liebermann noch 1935 die Totenmaske abgenommen hatte.

Breker
porträtiert
Albert Speer

1945 räumten die Alliierten das Atelier; Breker hatte nach Bayern fliehen können. 1971–72 wurde das Gebäude

in kleinere Ateliers umgebaut; der Bildhauer Bernhard Heiliger arbeitete hier lange Zeit. In der Nachbarschaft liegt seit 1967 das Brücke-Museum, das Bilder der expressionistischen Künstlerbewegung ›Brücke‹ ausstellt.

Ehemaliges
Staatsatelier
Brekers, heute
Bernhard-Hei-
liger-Stiftung

Der einstige Lieblingsbildhauer Hitlers konnte seine künstlerische Laufbahn nach dem Krieg fortsetzen. Rückblickend gab er vor, nicht gewusst zu haben, dass er einem verbrecherischen Regime gedient hatte.

Ernst **BUSCH**

**Schauspieler,
Sänger
(1900 Kiel –
1980 Berlin)**

**Berlin-Steg-
litz, Bonner
Straße 11**

Als Nazi-Trupps am 15. März 1933 in der als ›Roter Block‹ verschrienen Siedlung eine Razzia durchführten und Hunderte von Wohnungen nach Regimegegnern durchsuch-

ten, rettete der pure Zufall **Ernst Busch** das Leben. »Der ist doch schon lange getürmt, wurde gesagt. Wenn sie raufgegangen wären, ich wohnte in der obersten Etage, hätten sie mich auch gekriegt. Die haben nicht gewußt, daß ich abends erst gekommen bin«, erzählte er rückblickend.

Ernst Busch, 1932

Die Bonner Straße war Teil einer Künstlerkolonie rund um den Ludwig-Barnay-Platz, die 1927–30 von der Bühnengenossenschaft und dem Schriftstellerschutzverband erbaut worden war. Auch Ernst Bloch, Joachim Ringelnatz und Johannes R. Becher lebten u.a. dort. Ernst Busch – aktiver Kommunist und künstlerischer Agitator der KPD – gehörte 1933 zu den gefährdetsten Persönlichkeiten in Berlin. Er emigrierte, wurde aber während des Krieges aus Frankreich ausgeliefert. Nach längerer Gestapo-Haft kehrte er 1945 in seine Steglitzer Wohnung zurück, lebte aber später im Ostberliner Stadtteil Pankow in seinem Haus in der Leonhard-Frank-Straße 11. Gleich hinter dem Grundstück auf dem Pankower Friedhof liegt sein Grab.

Seit 1950 spielte Busch am ›Berliner Ensemble‹ in vielen Brecht-Stücken. Auch als Interpret der Lieder von Brecht und Eisler hat er sich einen Namen gemacht.

Busch lebte hier 1931–1933 und 1945–1946

13

Hedwig COURTHS-MAHLER

Schriftstellerin
(1867 Nebra/
Unstrut – 1950
Tegernsee)

Berlin-Char-
lottenburg,
Knesebeck-
straße 12

»Ich bin in der ganzen Straße, in der ganzen Umgebung bekannt wie ein bunter Hund!« Als **Hedwig Courths-Mahler** aus der weit außerhalb gelegenen Karlshorster Dönhoffstraße 11 in das schöne, 1892 erbaute Mietshaus im zentralen Charlottenburg zog, hatte ihre Bilderbuch-Karriere begonnen. Durch enorme Arbeitsdisziplin – allein 1920 verfasste sie 14 ihrer insgesamt 208 Romane – erwarb sie sich Wohlstand und Anerkennung. Mit ihrem

Mann, dem Kunstmaler Fritz Courths, und den beiden Töchtern bewohnte sie acht Zimmer in der eleganten Beletage. Hier empfing sie jeden Freitag Gäste, unter denen sich die populären Schauspieler Asta Nielsen und Emil Jannings befanden.

Die Schriftstelle-
rin mit ihrem
Mann Fritz
Courths

Den Erfolg ihrer inzwischen millionenfach aufgelegten Kitschromane verdankt sie einem einfachen, immer gleichen Strickmuster: Erst nach einer bitteren Zeit des Leidens finden ›Die Bettelprinzess‹ oder ›Griseldis‹ ihr Eheglück in einer heilen Adelswelt. Courths-Mahler variierte dabei auch ihr eigenes Schicksal: Als mittellose Halbwaise musste sie die Schule vorzeitig beenden, um als Dienstmädchen und Gesellschafterin zu arbeiten.

Da sie sich von den Nazis nicht vereinnahmen ließ – ihre Romane sollten NS-Größen glorifizieren –, wurden ihre Bücher im ›Dritten Reich‹ nicht mehr aufgelegt. 1934 zog sie sich auf ihren Landsitz am Tegernsee zurück.

Die Schrift-
stellerin lebte
hier von 1914
bis 1932

**Marlene
DIETRICH**

Schauspielerin
(1901 Berlin –
1992 Paris)

**Berlin-
Wilmersdorf,
Bundes-
allee 54**

Mitte der zwanziger Jahre zog die damals noch unbekannte **Marlene Dietrich** mit ihrem Mann, dem Aufnahmeleiter Rudolf Sieber, und ihrer kleinen Tochter Maria in das neu erbaute Haus direkt am Wilmersdorfer Volkspark. Die Familie hatte dort eine elegante Wohnung im obersten Stock. Marlenes Mutter soll allerdings einen Teil der Miete bezahlt haben, erzählt Maria in ihren Erinnerungen. Zu den Gästen des geselligen Haushalts zählte der Regisseur Josef von Sternberg, der Marlene mit der Rolle der ›Lola‹ in der Heinrich Mann-Verfilmung ›Der blaue Engel‹ zum Star machte: Schon wenige Stunden nach der Premiere des Films, die 1930 im Berliner Gloria Palast stattfand, reiste Marlene nach Amerika ab – mit

Die Dietrich
1929

einem Vertrag der Paramount Studios in Hollywood im Gepäck. Auch aus politischen Gründen – das NS-Regime versuchte sie anfangs zur Rückkehr nach Deutschland zu bewegen – blieb sie in den USA.

Geboren wurde Berlins berühmteste Schauspielerin in einem gutbürgerlichen Elternhaus in der Schöneberger Leberstraße 65. Nach Beendigung der Schulzeit besuchte sie Max Reinhardts Schauspielseminar, spielte kleine Rollen, verdiente aber auch Geld als Fotomodell für Schuhe und Strümpfe.

Begraben ist Marlene auf dem Friedenauer Friedhof in der Stubenrauchstraße. Ihr Nachlass, darunter legendäre Kostüme wie der Schwanenmantel, befindet sich im Berliner Filmmuseum.

Hier lebte die
Schauspielerin,
bevor sie ein
Star wurde

**Alfred
DÖBLIN**

Schriftsteller,
Arzt (1878
Stettin –
1957 Emmen-
dingen bei
Freiburg i. Br.)

Berlin-
Charlotten-
burg, Kaiser-
damm 28

»Und wenn man meinen Namen nannte«, stellte **Alfred Döblin** 1955 fest, »so fügte man ›Berlin Alexanderplatz‹ hinzu.« Sein 1929 veröffentlichter, bedeutender Berlin-Roman wurde ein Bestseller und Döblins einziger großer Erfolg. Das Buch war damals revolutionär: In das Geschehen, das vom Transportarbeiter Franz Biberkopf vom Alexanderplatz erzählt, fügte Döblin, ähnlich einer Film-montage, Berliner Zeitungsausschnitte, Plakatwerbung und sogar Wetterberichte ein.

Wie Benn war Döblin im Hauptberuf Arzt. In der Kreuzberger Blücherstraße 18 hatte er 1911 seine erste Praxis als Neurologe und Psychiater eröffnet. Lange Jahre lebte und ar-beitete er an der Frankfurter Allee. Im Ostteil der Stadt war er auch aufgewachsen, unter

Alfred Döblin

ärmlichen und unsicheren Verhältnissen: Der Vater hatte sich nach Amerika abgesetzt und Frau und fünf Kinder in sozialer Not zurückgelassen.

Hauseingang
Kaiserdamm 28

Erst nach seinem Bucherfolg verlegte Döblin Wohnung und Praxis an den gutbürgerlichen Kaiserdamm. Mit seiner Frau und seinen vier Söhnen lebte er dort bis zur Emigra-tion. Am 28. Februar 1933, einen Tag nach dem Reichs-tagsbrand, verließ Döblin Deutschland. Als Jude und Avant-garde-Schriftsteller war er vor den Verfolgungen des Nazi-Regimes nicht mehr sicher. 1945 kehrte er zwar nach Deutschland, nicht aber nach Berlin zurück.

Seine letzte
Berliner
Wohnung

Isadora DUNCAN

Tänzerin
(1878 San Francisco –
1927 Nizza)

Berlin-Wilmersdorf (Grunewald), Trabener Straße 16

Isadora Duncan in einer Zeichnung von Friedrich August Kaulbach, 1902

Schon 1902 hatte Berlin die berühmte amerikanische ›Barfußtänzerin‹ **Isadora Duncan** gefeiert. Ende 1904 ließ sie sich in der Stadt nieder und kaufte die Villa im vornehmen Bezirk Grunewald. Mit dem Erwerb des Hauses legte sie den Grundstein zu einer seit längerem beabsichtigten Idee: der Eröffnung einer Tanzschule für Kinder. Es wurden zunächst 40 Mädchen aufgenommen, die im Hause auch wohnten. Bereits 1905 trat Isadora mit ihren Elevinnen, die sie nach ihren Prinzipien des modernen Ausdruckstanzes unterrichtete, in der legendären Berliner Kroll-Oper auf.

Da sie häufig auf Tournee war, leitete ihre Schwester Mary Elizabeth die Tanzschule. Ideelle Unterstützung erhielten beide durch den Komponisten Engelbert Humperdinck. Seine Kinder besuchten Isadoras Unterricht. Zwischen 1908 und 1912 lebte er sogar selbst in der Duncan-Villa.

1914 gab Isadora ihre Berliner Tanzschule auf, um nach Paris zu übersiedeln. Auch dort unterrichtete sie Schülerinnen. Ihre beiden eigenen Kinder jedoch kamen schon 1913 bei einem Autounfall ums Leben. Ein Auto wurde 14 Jahre später auch ihr selbst zum Verhängnis: Ihr Schal verfing sich in den Rädern ihres Bugatti und brach ihr das Genick.

Duncans Wohnsitz von 1904 bis 1914

**Tilla
DURIEUX**

Schauspielerin
(1880 Wien –
1971 Berlin)

Berlin-Char-
lottenburg,
Bleibtreu-
straße 24

Als **Tilla Durieux** Mitte der fünfziger Jahre in das schöne, nahe dem Kurfürstendamm gelegene Jugendstilhaus in der Bleibtreustraße 24 zog, war sie gerade aus langjährigem Exil zurückgekehrt und begann wieder auf Berliner Bühnen zu stehen.

Ein halbes Jahrhundert zuvor hatte in Berlin ihre Theaterkarriere begonnen: 1903 engagierte sie Max Reinhardt an sein ›Kleines Theater‹, wo sie u.a. die ›Salome‹ in dem gleichnamigen Stück von Oscar Wilde spielte.

Durch ihren zweiten Ehemann, den prominenten Verleger und Galeristen Paul Cassirer, wurde sie nicht nur eine der gefragtesten Schauspielerinnen, sondern auch eine der schillerndsten Figuren der Berliner Gesellschaft. In ihrem Haus in dem heute zerstörten vornehmen Tiergartenviertel war sie Mittelpunkt der modernen Kunstszene, die sie vor allem durch ihre Eleganz faszinierte. Liebermann, Corinth und Renoir porträtierten sie.

Tilla Durieux
als ›Salomé‹,
1903

Mit ihrem dritten Ehemann, einem jüdischen Industriellen, floh Tilla Durieux 1933 nach Jugoslawien, wo er jedoch von der Gestapo verschleppt und ermordet wurde.

In der Bleibtreustraße 15 verbrachte sie schließlich ihre letzten fünf Lebensjahre. Wie Paul Cassirer, der 1926 Selbstmord begangen hatte, ist die Durieux auf dem Friedhof Heerstraße in Charlottenburg begraben.

Hier wohnte die
Schauspielerin
nach ihrer Rück-
kehr aus dem
Exil

Veitel Heine
EPHRAIM

Kaufmann,
Bankier
(1703–1775)

Berlin-Mitte,
Poststraße 16/
Ecke Mühlen-
damm,
›Ephraim-
Palais‹

Durch Münzfälschungen und -verschlechterungen, d.h. Prägung von Münzen mit geringerem Edelmetallgehalt, füllte **Veitel Heine Ephraim** nach dem Siebenjährigen Krieg im Auftrag von Friedrich II. die preußische Kriegskasse. Für seine ›Finanzhilfe‹ erhielt er vom König das Privileg am Mühlendamm zu bauen, einem damaligen Handelszentrum, an dem sonst kein Jude ansässig werden durfte. Dort ließ sich der Bankier 1762–66 von Friedrich Wilhelm Diterichs ein bestehendes Gebäude zu einem luxuriösen Palais umbauen. Lange galt es als ›die schönste Ecke Berlins‹. Heute ist es neben dem benachbarten Knoblauchhaus eines der wenigen erhaltenen Berliner Bürgerhäuser aus dem Rokoko. Bemerkenswert ist das Schicksal des Baudenkmals: Wegen der Erweiterung der Mühlendammbrücke wurde es 1936 abgetragen. Die nummerierten Sandsteinstücke lagerte man ein. Nach dem Krieg – der Lagerplatz befand sich nunmehr im Westteil der Stadt – erwog man einen Wiederaufbau in West-Berlin. Schließlich wurden die fast 2 500 Fassadenteile den Ostberliner Behörden übergeben, die das Palais 1985 bis 1987 auf dem alten Gelände, jedoch um 12 Meter zurückversetzt, wieder aufbauten. In den vereinfacht hergerichteten Räumen veranstaltet das Berliner Stadtmuseum heute Ausstellungen.

Galt einst als
›schönste Ecke
Berlins‹

Wilhelm Ferdinand ERMELER

Tabak-
großhändler
(1784–1866)

Berlin-Mitte,
Märkisches
Ufer 10,
›Ermeler-Haus‹

»Wo kommt der beste Tabak her? Merk auf, mein Freund: von Ermeler.« Der so selbstbewusst für seine Firma werbende Tabakgroßhändler **Wilhelm Ferdinand Ermeler** war eine interessante Figur des damaligen Berliner Bürgertums. Neben seinem Unternehmen war er sozial engagiert und betrieb einen Verein zur Beförderung des Schulbesuchs. Er malte auch, und zwar Berlin-Ansichten, die das Märkische Museum in Berlin aufbewahrt. 1824 erwarb er das nach ihm benannte Haus, das unter dem Dach noch heute die Inschrift ›W. E. & C.‹ trägt.

Bildnis Wilhelm
Ferdinand
Ermeler

Das Ermeler-Haus befindet sich nicht mehr am alten Standort: Ursprünglich an der Breite Straße 11 gelegen, wurde es abgebrochen und 1968 an der heutigen Stelle wiederaufgebaut. Seine klassizistische Fassade von 1804 verdankt das Gebäude dem Vorgänger Ermelers, einem Tabakhändler namens Neumann. Er hat auch den Fries über dem Por-

tal mit Darstellungen des Tabakhandels und seiner Produktion anbringen lassen. Errichtet wurde das Haus allerdings schon 1760–62 für den Armeelieferanten Friedrich Damm. Der Architekt war Friedrich Wilhelm Diterichs, von dem auch das Ephraim-Palais gebaut wurde. Innen stammen noch einige Deckengemälde und das Treppengeländer aus der Rokokozeit. – Im Haus befindet sich heute ein Hotel.

Ermeler-Haus
(2. Haus von
rechts)

Tobias
Christoph
FEILNER

Tonwaren-
fabrikant
(1773 Wei-
den/Pfalz –
1839 Berlin)
Berlin-Kreuz-
berg, Feilner-
straße 2a

Tobias Chris-
toph Feilner,
Federzeichnung
von H. Papin

Die Produkte von **Tobias Christoph Feilner** waren seinerzeit ein Markenzeichen und sein Haus eine Institution. Seine in der Hasenhegerstraße, einem Teil der damaligen Köpenicker Vorstadt, gelegene Fabrik, die er 1812 als bescheidenen Handwerksbetrieb übernommen und zu einem großen Unternehmen ausgebaut hatte, lieferte Ziegelsteine und Terrakottaschmuck für Bauten von K. F. Schinkel, wie 1825 für die Friedrichwerdersche Kirche. Über Berlin hinaus bekannt aber waren seine weißen Porzellankachelöfen, die sogar Goethe in Weimar interessierten.

Feilners einst inmitten der Werkstätten gelegenes Wohnhaus – heute als Rekonstruktion innerhalb einer modernen Wohnanlage zu sehen – war 1828/29 von Schinkel erbaut worden. Der 1958 abgerissene Bau hatte, anders als die Nachbildung, eine Fassade aus unverputztem Backstein

und begründete die Berliner Backsteintradition: »Es ist sehr zu wünschen, daß diese dauerhafte, schöne und wahrhafte Architektur aus gebranntem Ton ohne Übertünchung recht viel Nachahmung sowohl für öffentliche Gebäude als Privathäuser finden möge«, warb Schinkel.

In dem klassizistischen Haus verkehrten der Maler Karl Begas und der Bildhauer Schadow. Es spricht für die Prominenz Feilners, dass Friedrich Wilhelm IV. die Straße nach dessen Tod in Feilnerstraße umbenennen ließ.

Rekonstruktion
des Feilner-
hauses von
Rob Krier aus
den Jahren
1982 bis 1986

**Lion
FEUCHT-
WANGER**

Schriftsteller
(1884 Mün-
chen – 1958
Los Angeles)

Berlin-
Wilmersdorf
(Grunewald),
Regerstraße 8

Lion Feucht-
wanger

Nur zwei Jahre, von 1930 bis 1932, lebten der durch seinen Erfolgsroman ›Jud Süß‹ (1925) schon international bekannte Schriftsteller **Lion Feuchtwanger** und seine Frau Marta in ihrem neuerbauten Haus in der damaligen Mahlerstraße. In ihren Memoiren schilderte Marta (1891–1987) die liebevoll zusammengestellte Einrichtung. Sie hatte unzählige Berliner Läden auf der Suche nach Antiquitäten durchstöbert; Lions Schreibtisch beispielsweise war ein gotischer Esstisch aus einem Mönchskloster.

Während sie sich im Ausland aufhielten – Feuchtwanger war auf einer Vortragsreise in den USA –, wurde das Haus von Nazi-Schergen geplündert, die Bibliothek und viele Manuskripte vernichtet. Das Ehepaar kehrte nicht nach Berlin zurück: Feuchtwanger hatte in seinem Roman ›Erfolg‹ (1930) bereits Kritik am aufkommenden Nationalsozialismus geübt und war außerdem Jude.

»Was fangen Sie wohl mit den beiden Räumen an, die meine Bibliothek enthielten? Bücher, habe ich mir sagen lassen, sind nicht sehr beliebt in dem Reich, in dem Sie

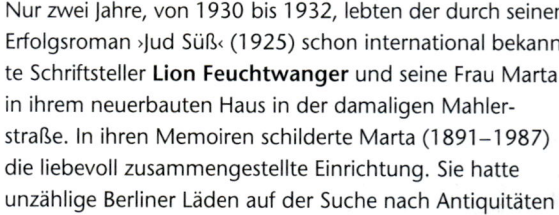

Auf Lebenszeit
wollte sich
Feuchtwanger
hier niederlassen

leben [...]«, fragte Feuchtwanger 1935 ironisch in einem ›Offenen Brief an die Bewohner meines Hauses in der Mahlerstraße 8 in Berlin‹.

Samuel
FISCHER

Verleger
(1859 Liptóv-
sky Mikulas/
heute Slo-
wakei – 1934
Berlin)

Berlin-
Wilmersdorf
(Grunewald),
Erdener
Straße 8

Der Verleger mit
seiner Familie
auf der Garten-
terrasse, 1908

Die 1905 von Max Ravoth er-
baute Villa des Verlegers **Samuel
Fischer** war ein glanzvoller ge-
sellschaftlicher Treffpunkt in
Berlin. Die Autoren des Verlags
gingen ein und aus, aber auch
Prominenz, darunter Harry Graf
Kessler und Tilla Durieux, war zu
Gast. Einstein spielte hier Violine,
und zur Feier der Premiere von
Richard Strauss' ›Rosenkavalier‹ wurde ein Ball veranstaltet.

Fischers 1886 gegründetes Unternehmen mit Sitz in der
Schöneberger Bülowstraße 90/91 gehörte schon seinerzeit
zu den führenden Literatur-Verlagen. In bezahlbaren Aus-
gaben erschienen nicht nur Werke vieler deutschsprachi-
ger Schriftsteller wie Thomas und Heinrich Mann, Gerhart
Hauptmann und
Alfred Döblin.
Fischer machte
auch Autoren wie
Ibsen und Strind-
berg in Deutsch-
land bekannt.

Durch seinen
Tod im Oktober
1934 blieb dem
jüdischen Ver-
leger die Verfol-
gung durch das
Nazi-Regime er-
spart. Seine Frau

Hedwig (1871–1952) konnte 1939 in die USA emigrieren.
Gottfried Bermann-Fischer, der Schwiegersohn, hatte den
Verlag schon 1936 ins Ausland gerettet.

Die Villa ist leicht verändert: Schon 1911 hatte Fischer
durch Hermann Muthesius den leicht hervorspringenden
Trakt anfügen lassen, auch ein großer Teil des Bau-
schmucks wurde entfernt.

Auf dem jüdischen Friedhof in Weissensee ist Fischer
begraben.

Die berühmte
Verleger-Villa

**Alfred
FLECHT-
HEIM**

Kunsthändler
(1878 Müns-
ter/Westfalen
– 1937 Lon-
don)

Berlin-Char-
lottenburg,
Bleibtreu-
straße 15–16

Alfred Flechtheim war eigentlich Getreidekaufmann, widmete sich aber bald mit Leidenschaft dem Kunsthandel. Ab 1913 baute er in Düsseldorf, Frankfurt und Köln bedeutende Galerien auf und machte die moderne französische Kunst in Deutschland bekannt. 1927 verlegte er seinen Wohnsitz nach Berlin, wo er seit 1921 eine weitere Kunsthandlung im Tiergartenviertel unterhielt und das Gesellschaftsblatt ›Der Querschnitt‹ herausgab.

Auch seine Charlottenburger Privatwohnung – im gleichen Haus verbrachte Tilla Durieux Jahrzehnte später ihren Lebensabend – steckte voller Kunstwerke. Der Maler George Grosz nannte sie die »intime Fortsetzung seiner Galerie am Lützowufer«. Hier gab es Bilder von Picasso und Braque, exotische Skulpturen, Antiquitäten und Plastiken moderner deutscher Künstler. Die Kunst gab den Rahmen für elegante Diners. Grosz beschreibt in seinen Memoiren einen typischen Abend bei Flechtheims: »[...] erlesene Speisen, Weserlachs, ein wunderbarer, richtig gekühlter Mosel dazu [...]. Als Tischdekoration standen Plastiken

Alfred Flecht-
heim in seiner
Galerie

von René Sintenis auf dem Damasttischtuch, zwischen altem Silber und Kristall, in dem das Kerzenlicht funkelte. Es war erstklassig, aber nicht etwa steif und langweilig.«

1933 wurde Flechtheim als Jude und Sammler nun ›entarteter Kunst‹ aus Deutschland vertrieben.

Hier lebte
Flechtheim,
umgeben von
Kunstwerken

Eduard
FUCHS

Kultur-
historiker,
Schriftsteller,
Kunstsammler
(1870 Göp-
pingen –
1940 Paris)

Berlin-
Zehlendorf,
Hermann-
straße 14

Eduard Fuchs war eine vielseitige Persönlichkeit und, wie George Grosz sagte, »eines der ganz wenigen Originale« seiner Zeit. Als Journalist saß er wegen Verbreitung sozialistischer Druckschriften und Majestätsbeleidigung mehrfach in Haft. Prominent wurde er durch seine dreibändige ›Illustrierte Sittengeschichte‹ (1909–12), die wegen ihrer erotischen Abbildungen enorm erfolgreich war und ihm den Spottnamen ›Sittenfuchs‹ eintrug. Er besaß auch eine bedeutende Kunstsammlung, darunter die seinerzeit größte Sammlung von Daumier-Karikaturen.

1920 kaufte er die Zehlendorfer Villa, die Ludwig Mies van der Rohe 1911 erbaut hatte. Originell war die Zah-

lungsweise: Statt Geld erhielt der Vorbesitzer, ein Rechtsanwalt namens Hugo Perls, fünf Liebermann-Gemälde. Diese Bilder wiederum hatte Fuchs einst vom Maler selbst im Tausch gegen Daumier-Grafiken erhalten.

Die Kunstsammlung wuchs weiter an, sodass Mies 1928 einen Sammlungstrakt anbaute, der größer als das Wohnhaus selbst ist. Nach der Machtergreifung musste Fuchs aus Deutschland fliehen. SA plünderte seinen Besitz: Hunderte von Gemälden und Plastiken, um die 20 000 Kupferstiche und 10 000 Bücher hatte er zurücklassen müssen.

Mit Gemälden bezahlte Fuchs die Villa

**George
GROSZ**

**Maler
(1893 Berlin –
1959 Berlin)**

**Berlin-Char-
lottenburg,
Savignyplatz 5**

Nach 26-jährigem Exil kehrte **George Grosz** am 29. Mai 1959 mit seiner Frau Eva nach Berlin zurück und zog in den 4. Stock des Hauses Savignyplatz 5, in die Wohnung seiner Schwägerin. Nur sechs Wochen später wurde er dort tot im Hausflur gefunden.

Grosz hatte einen Teil seiner Jugend in Berlin verbracht

und dort in den zwanziger Jahren seine produktivste Zeit erlebt. Gesellschaftliche Missstände in der jungen Weimarer Republik wurden sein künstlerisches Thema. Seine Gemälde und Zeichnungen voll bissiger satirischer Schärfe richteten sich gegen Ausbeutung, Spießertum, Bigotterie und Militarismus. »Wenn Zeichnungen töten könnten«, sagte Tucholsky, »das preußische Militär wäre sicherlich tot.«

George Grosz
1928 an seiner
Staffelei

Grosz lebte und arbeitete damals in der Wilmersdorfer Trautenaustraße 12 I/Ecke Nassauische Straße. Von dort aus ging er Anfang Januar 1933, kurz vor der Machtübernahme, in die USA, wo er schon 1932 eine Gastdozentur innegehabt hatte. In Nazi-Deutschland zählte der linke, sozialkritische Grosz zu den ›entarteten‹ Künstlern, 285 sei-

ner Bilder wurden aus den Museen entfernt.

Die Berliner Neue Nationalgalerie besitzt einige Gemälde von Grosz, darunter ›Die Stützen der Gesellschaft‹, eines seiner bekanntesten Werke. Sein Grab liegt auf dem Charlottenburger Waldfriedhof Heerstraße nahe dem Olympiastadion.

Sein Sterbehaus

Georg
HERMANN

Schriftsteller
(1871 Berlin –
1943 Auschwitz)

Berlin-
Wilmersdorf
(Grunewald),
Trabener
Straße 19

Georg Hermann

Bis ins kleinste Detail kennen wir die Einrichtung der vielen Berliner Wohnungen von **Georg Hermann**. »Es gibt keinen Flecken Wand, kein Winkelchen, wo nicht das Auge auf einen schönen Gegenstand fällt«, berichtete die Tochter Hilde: »Persische Teller, indische Hammelfettöpfe, japanische Holzschnitte und Bronzen und Lacksachen, Holzplastiken und auf Glas gemalte Bauernbildchen, altes Silber und Porzellan, Bilder aus allen Zeiten und Ländern [...]. Es sind alle Biedermeiermöbel da, die in Jettchen Gebert beschrieben sind [...]«

In seinen Romanen, von denen besonders ›Jettchen Gebert‹ (1906) sehr erfolgreich war, schilderte Hermann das bürgerlich-jüdische Leben im Berlin der Biedermeierzeit. Der heute fast vergessene Schriftsteller war damals ausgesprochen prominent; er galt als der ›jüdische Fontane‹.

Seit 1911 lebte er mit seiner Frau Martha und den vier Töchtern im ersten Stock der schönen Mietvilla Trabener Straße 19, bevor er 1914 nach Neckargemünd übersiedelte. 1931

nach Berlin zurückgekehrt, floh er schon 1933 nach Holland. Nach dem Einmarsch der deutschen Truppen wurde Hermann nach Auschwitz verschleppt. Man weiß nicht, ob der herz- und zuckerkranke 72-Jährige auf dem Transport starb oder vergast wurde.

Hermanns
Domizil von
1911 bis 1914

August von der HEYDT

Politiker, Staatsminister (1801 Elberfeld/heute zu Wuppertal – 1874 Berlin)

Berlin-Tiergarten, Von-der-Heydt-Straße 18

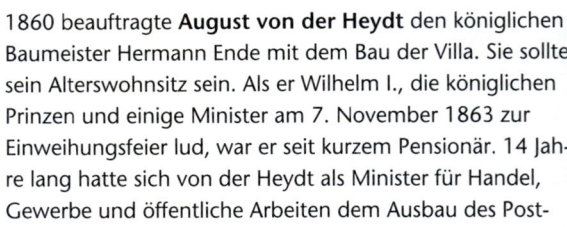

1860 beauftragte **August von der Heydt** den königlichen Baumeister Hermann Ende mit dem Bau der Villa. Sie sollte sein Alterswohnsitz sein. Als er Wilhelm I., die königlichen Prinzen und einige Minister am 7. November 1863 zur Einweihungsfeier lud, war er seit kurzem Pensionär. 14 Jahre lang hatte sich von der Heydt als Minister für Handel, Gewerbe und öffentliche Arbeiten dem Ausbau des Post- und Telegrafenwesens gewidmet und vor allem den Bau des preußischen Eisenbahnnetzes vorangetrieben. Doch keine drei Jahre konnte er seinen Ruhestand in der damals noch fast ländlichen Umgebung des Tiergartenviertels genießen; schon 1866 berief ihn Bismarck als Finanzminister. Erst 1869 trat von der Heydt von seinem Amt zurück und verbrachte seine letzten Lebensjahre in der Villa am Landwehrkanal, wo er auch starb.

August von der Heydt

Die große spätklassizistische Villa ist heute das fast einzige Relikt der einstigen prächtigen Villenbebauung des

Eine der letzten erhaltenen Villen des alten Tiergartenviertels – das Foto zeigt die Gartenseite am Landwehrkanal

Tiergartenviertels. Der Bau – 1944 bei einem Luftangriff schwer zerstört – ist ein bedeutendes Werk der Schinkel-nachfolge.

Seit 1980 ist in den wiederhergestellten Räumen die Verwaltung der Stiftung Preußischer Kulturbesitz untergebracht.

Hannah HÖCH

Malerin (1889 Gotha – 1978 Berlin)

Berlin-Reinickendorf (Heiligensee), An der Wildbahn 33

Selbstbildnis 1924 (doppelt belichtetes Foto)

Während Raoul Hausmann, George Grosz und andere Weggefährten emigrierten, zog sich **Hannah Höch** 1939 in ihr Haus am nördlichen Stadtrand von Berlin zurück. »Als ich, ein Jahr vor Kriegsausbruch, ein wenig Geld geerbt hatte«, erzählte sie später, »beschloß ich, mich nach einer Gegend umzusehen, in der mich niemand kannte und wo man von meiner schändlichen Vergangenheit als Dadaistin – oder Kulturbolschewistin, wie man es nannte – nichts ahnte. Ich hatte Glück dieses kleine Haus zu finden, ein früheres Wärterhaus am Eingang eines Flugplatzes, der hier im Ersten Weltkrieg angelegt worden war.«

Hannah Höch war eine maßgebliche Vertreterin und die einzige Frau der Berliner Dada-Bewegung, in der sie durch ihre provokanten Collagen wie den ›Schnitt mit dem Küchenmesser Dada durch die letzte Weimarer Bierbauchkulturepoche Deutschlands‹ auffiel (heute in der Neuen Nationalgalerie). Ihrem Mut ist die Rettung vieler Werke des Dada-Kreises zu verdanken, die sie während der Nazi-Zeit in ihrem Haus aufbewahrte, »[...] genug um mich und alle in Deutschland lebenden früheren Dadaisten an den Galgen zu bringen.« – Hannah Höch ist auf dem Friedhof Sandhauser Straße in Heiligensee begraben.

In dem alten Wärterhäuschen wohnte die Künstlerin von 1939 bis zu ihrem Tod 1978

Wilhelm von HUMBOLDT

Gelehrter, Politiker (1767 Potsdam – 1835 Tegel)

Berlin-Reinickendorf (Tegel), Adelheidallee 19/20, ›Schloss Tegel‹

Das kleine Schloss Tegel war ursprünglich ein Jagdschloss des Großen Kurfürsten. Seit 1766 besaß es die Familie Humboldt. **Wilhelm von Humboldt** und sein zwei Jahre jüngerer Bruder Alexander, der berühmte Forschungsreisende, wuchsen hier auf. Während Alexander später nur besuchsweise im ›Humboldtschlösschen‹ weilte, verbrachte Wilhelm hier die letzten 15 Jahre seines Lebens: »[...] zurückgezogen von Hof und Politik, aber in immer wachsender Vertrautheit mit der Muse und den Wissenschaften«, wie Fontane in seinen ›Wanderungen durch die Mark Brandenburg‹ schrieb.

Wilhelm von Humboldt, 1827

Als Privatgelehrter, aber auch im Dienste der preußischen Diplomatie, war Humboldt viel herumgekommen. Er lebte seit 1794 in Jena, um seinem Freund Schiller nahe zu sein, ab 1797 in Paris. 1802–08 war er Resident des preußischen Königs in Rom. Als Gesandter Preußens mit der europäischen Allianzpolitik und den Friedensverhandlungen nach den Napoleonischen Kriegen betraut, ging er nach London, Wien und erneut nach Paris. Daheim wurde Humboldt ein engagierter Kulturpolitiker. Er leitete ab 1809 das Kultus- und Unterrichtswesen, konzipierte das humanistische Gymnasium und gründete 1810 die nach ihm benannte Berliner Universität. Politische Differenzen führten 1819 zu seiner Entlassung aus dem Staatsdienst, und Humboldt zog sich aus dem öffentlichen Leben zurück. Er widmete sich nun ganz seinen vielseitigen privaten Interessen: Dem klassischen Altertum, der Ästhetik, Anthropologie, Charakterkunde, Staatslehre und Sprachwissenschaft. Er lernte Sanskrit, Altägyptisch, Chinesisch und mehrere Indianersprachen. Über die Kawi-Sprache auf Java schrieb er ein mehrbändiges Werk. Mit Gelehrten, Künstlern und Politikern in ganz Europa stand Humboldt in Briefwechsel.

Das alte Jagdschloss ließ er sich 1820–24 von Karl Friedrich Schinkel zu einem klassizistischen Kunsttempel umbauen. Die alten Bauelemente wurden weitgehend beibehalten und geschickt in die Umgestaltung einbezogen. So regte der Turm des alten Schlosses zum Bau der drei anderen Ecktürme an. Humboldt, ein enthusiastischer Verehrer der griechischen Antike, ließ dort Reliefs mit Darstellungen antiker Windgötter anbringen. Vorbild war der ›Turm der Winde‹ in Athen aus dem 1. Jahrhundert v. Chr. In die Figurennischen wurden Antikenkopien gestellt. Die reich mit Kunstwerken ausgestatteten Innenräume können besichtigt werden: Der blaue Salon, das grüne Turmkabinett von Ehefrau Karoline, die Bibliothek sowie der Antikensaal mit Humboldts reicher Sammlung antiker Skulpturen.

Am 8. April 1835 starb der Gelehrte und Diplomat in seinem Schlafkabinett. Sein Grab befindet sich auf der schlichten Begräbnisstätte der Familie Humboldt im Schlosspark.

Wilhelm von Humboldts Elternhaus und Alterswohnsitz

Franz KAFKA

**Schriftsteller
(1883 Prag –
1924 Kloster-
neuburg bei
Wien)**

**Berlin-Steg-
litz, Grune-
waldstraße 13**

Nur ein knappes halbes Jahr lebte **Franz Kafka** in Berlin, ohne Amt, ohne prominenten Umgang, durch seine schwere Erkrankung auch schriftstellerisch zunehmend untätig. Sein Leben hier – das dokumentieren viele Briefe – war außerdem von großer materieller Bedrängnis. Die rasende Inflation verschlang seine Pension im Nu. Er war

sogar auf die ›Butterpakete‹ seiner Eltern an-
gewiesen. Kafka aber nannte seinen Berliner Aufenthalt ›eine Medizin gegen Prag‹, denn er brachte ihm die lebenslang ersehnte Distanz zu seiner Familie und eine kurze, frei bestimmte Lebensphase mit seiner jungen Freundin Dora Diamant, die er 1923 im Ostseebad Müritz kennen gelernt hatte.

Das letzte Bild
Kafkas, 1923/24

Von der heute zerstörten Steglitzer Miquel-
straße 8 zog das Paar am 15. November 1923 in die Villa Grunewaldstraße 13 in zwei Zimmer im ersten Stock. »Weitere Vorteile«, schrieb er, »Centralheizung und

elektrisches Licht [...]«. Obwohl sich sein Gesundheits-
zustand rapide ver-
schlechterte, konnte er hier die Erzählung ›Der Bau‹ beenden. Schon Anfang Februar 1924 mussten sie in eine billigere, mit Öfen beheizte Unterkunft in der heutigen Zehlendorfer Busse-
allee 7–9 ausweichen. Bereits anderthalb Monate später verließ Kafka Berlin und starb am 3. Juni, noch keine

Einen Winter
lang hatte
Kafka hier eine
bescheidene
Unterkunft

41 Jahre alt, in einem österreichischen Sanatorium an Kehlkopftuberkulose.

Viele seiner Werke, darunter die berühmten Romane ›Der Prozess‹ und ›Das Schloss‹, erschienen erst posthum.

**Mascha
KALÉKO**

Lyrikerin
(1907
Chrzanów/
Polen – 1975
Zürich)

Berlin-Char-
lottenburg,
Bleibtreu-
straße 10–11

Die Schriftstel-
lerin 1933

»Hier war mein Glück zu Hause./ Und meine Not./ Hier kam mein Kind zur Welt./ Und ich mußte fort./ Hier besuchten mich meine Freunde/ und die Gestapo [...]«

Diese Verse aus dem Gedicht ›Bleibtreu heißt die Straße‹ schrieb **Mascha Kaléko** 1974. Wie viele ihrer Gedichte, die sie im Exil verfasste, erinnert es mit Wehmut an ihre frühere Heimat Berlin.

Seit 1936 hatte sie mit ihrem ersten Mann, dem Hebräisch-Spezialisten Saul Kaléko, in der Bleibtreustraße 10–11 gelebt. Im September 1938 emigrierte sie, jedoch mit ihrem zweiten Mann, dem Komponisten Chemjo Vinaver, und dem gemeinsamen Sohn nach New York. Das Nazi-Regime hatte die junge Lyrikerin jüdischer Herkunft aus der Reichskulturkammer ausgeschlossen und ihre Bücher verboten und verbrannt.

Im Berlin der frühen dreißiger Jahre war Mascha Kaléko eine literarische Berühmtheit. Nicht nur die Berliner hatten ihre gefühlvoll-ironischen Verse ins Herz geschlossen, auch Größen wie Thomas Mann und Hermann Hesse lobten sie gebührend. Die ›Vossische Zeitung‹ und das ›Berliner Tageblatt‹ druckten sie. Ihre Gedichtbände ›Das lyrische Stenogrammheft‹ und ›Kleines Lesebuch für Große‹ waren so beliebt, dass sie auch nach dem Verbot in Form von Abschriften weiter verbreitet wurden.

Hier lebte die Lyrikerin mit ihrem ersten Ehemann

Schriftsteller,
Theaterkritiker
(1867 Breslau
– 1948 Ham-
burg)

Berlin-
Wilmersdorf
(Grunewald),
Höhmann-
straße 6

Alfred Kerr

Wie viele Persönlichkeiten, die im kulturellen Leben Berlins eine Rolle spielten, stammte auch **Alfred Kerr** aus Breslau. Zwanzigjährig kam er in die aufstrebende Reichshaupt-stadt, um Literatur zu studieren. Talentiert und ehrgeizig fasste der junge Dr. Alfred Kempner schon bald Fuß auf journalistischem Gebiet. Bereits ab 1893 schrieb er, nun unter dem Namen Alfred Kerr, Theaterkritiken für das ›Magazin für Literatur‹. Auch für so renommierte Zeitun-gen wie ›Die Nation‹, ›Der Tag‹ und das ›Berliner Tageblatt‹ war er tätig.

Berühmt wurden seine ›Berliner Briefe‹, die 1895–1900 wöchentlich in der angesehenen ›Breslauer Zeitung‹ erschienen. Es entstand ein unterhaltsames Panorama des kaiserzeitlichen Berlin. In selbstbewusst-frechem und sehr poin-tiertem Tonfall plauderte Kerr von gesellschaft-lichen Ereignissen, Theateraufführungen, Aus-stellungen und wechselnden Moden. Er karikier-te Berliner Prominenz, schrieb ein an-rührendes Porträt des alten Fontane und sparte nicht mit gewagter Kritik am kitschigen Kunstgeschmack von Kaiser Wilhelm II.

In den folgenden Jahren avancierte Kerr zum maßgeblichen Theaterkritiker der Stadt. Er förderte ein realistisches, dem Alltag zugewandtes Theater. Der junge Gerhart Hauptmann, dessen Dramen wahre Skandale verursachten, verdankte ihm seinen Aufstieg.

Kerr verkehrte im damaligen Berliner Westen, wo »[...] alle Leute wohnen, die etwas können, etwas sind und et-was haben und sich dreimal soviel ein-bilden, als sie können, sind und haben [...],« wie er in seinem ersten Berliner Brief vom 1. Januar 1895 bissig ver-merkte.

1912 zog er in die vornehme Villen-kolonie Grunewald. Der streitbare Jour-

nalist sparte auch hier nicht mit Kritik: Sein Buch über den Freund Walther Rathenau, das er 1935 – bereits im Exil – herausgab, enthält spöttische bis boshafte Urteile über die vermögenden Bewohner, die er als »gepflegte Bauern« titulierte.

In diesem »Millionärskaff«, wie er das Wohnviertel verächtlich nannte, hielt es Kerr mehr als zwanzig Jahre aus. Als Junggeselle hatte er zunächst eine Wohnung in der Gneiststraße 9. Mit seiner ersten Frau lebte er 1921–29 in der Höhmannstraße 6, anschließend, zum zweiten Mal verheiratet, in der Douglasstraße 10. 1933 floh er vor den Nationalsozialisten nach England. Die dramatischen Ereignisse der Flucht schilderte seine Tochter Judith 1974 in ihrem Buch ›Als Hitler das rosa Kaninchen stahl‹. Heutzutage erfährt der große Kritiker ein Comeback. Vor allem seine Briefe und Feuilletons werden als ebenso geistreiche wie unterhaltsame Lektüre wieder entdeckt und finden eine wachsende Leserschaft.

Hier lebte der Kritiker von 1921 bis 1929

Berlin-Mitte,
Poststraße 23,
›Knoblauch-
haus‹

Das Knoblauchhaus, im Nikolaiviertel gegenüber dem Ephraim-Palais gelegen, war 168 Jahre das Stammhaus der **Familie Knoblauch**. Für 2400 Taler erwarb der Nadlermeister **Johann Christian Knoblauch** das Grundstück und ließ 1759–61 ein stattliches Bürgerhaus im Rokokostil errichten. Er war ein wohlhabender und angesehener Berliner

Bürger und betrieb im Haus eine Seidenwarenhandlung, die unter dem Sohn **Carl Friedrich** und dem Enkel **Carl** zu einer Seidenbandfabrik ausgebaut wurde. Die Knoblauchs waren auch kommunalpolitisch engagiert. Schon der Gründervater war Stadtrat. Sein Enkel Carl wurde sogar Vertreter Berlins im Landtag. Am bekanntesten aber ist der Architekt **Eduard Knoblauch** (1801–1865). In Berlin sind heute noch das ehemalige jüdische Krankenhaus in der Auguststraße und die Synagoge in der Oranienburger Straße von ihm zu sehen.

Bildnis des
Architekten
Eduard Knob-
lauch

Seinen Rokokocharakter hat das Knoblauchhaus verloren: 1806 erhielt es eine klassizistische Fassade; innen wur-

de es 1835 umgebaut. Als eines von vier Häusern im historischen Nikolaiviertel überstand es den Zweiten Weltkrieg und konnte nach umfassender Rekonstruktion 1989 als ›Museum Knoblauchhaus‹ eröffnet werden. Viele Dokumente und Einrichtungsgegenstände der Familie können dort besichtigt werden.

Wohnhaus
der Familie
Knoblauch
über mehrere
Generationen

Robert
KOCH

**Arzt und Wissenschaftler
(1843 Clausthal/Harz –
1910 Baden-Baden)**

Berlin-Charlottenburg, Kurfürstendamm 52

Robert Koch

1905 bezog der damals schon weltberühmte Arzt **Robert Koch** eine Wohnung im schicken Gründerzeithaus Kurfürstendamm 52. Im gleichen Jahr erhielt er den Nobelpreis.

Koch entdeckte die Erreger der Tuberkulose und der Cholera. Indem er erkannte, dass spezielle Bakterien die Ursache ansteckender Krankheiten sind, begründete er eine neue medizinische Wissenschaft: die Bakteriologie. Schon als junger praktizierender Arzt hatte er geforscht. 1880 wurde er an das Kaiserliche Gesundheitsamt in Berlin berufen. Mit 42 Jahren war Koch

bereits Geheimer Obermedizinalrat, Universitätsprofessor und Direktor des Hygienischen Instituts. Um sich gänzlich der Forschung widmen zu können, gab er den Staatsdienst 1891 auf und gründete das Institut für Infektionskrankheiten.

Die Wohnung am Kurfürstendamm war ein Zweitwohnsitz. Nach erneuter Heirat hatte er 1894 ein Haus in der Westender Ahornallee erworben.

Auch Kochs Berliner Wirkungsstätten sind erhalten: In der Luisenstraße 57, dem einstigen Reichsgesundheitsamt im Bezirk Mitte, entdeckte er 1882 den Tuberkuloseerreger, und in der Dorotheenstraße 96 sprach er vor der Berliner Physikalischen Gesellschaft erstmals über seine bahnbrechende Entdeckung. Im Wedding ließ er 1901 das ›Robert-Koch-Institut‹ errichten.

Hier wohnte Robert Koch als Nobelpreisträger

**Bildhauer
(1877 Wald-
heim/Sachsen
– 1947 Berlin)**

**Berlin-Char-
lottenburg
(Westend),
Sensburger
Allee 25–26,
›Georg-Kolbe-
Museum‹**

Das ›Georg-Kolbe-Museum‹ ist nicht nur ein Anziehungspunkt für Kunstinteressierte, sondern ein in Berlin
einmaliges Ensemble von Künstleratelier, Wohnhaus, Garten und Skulpturenhof inmitten einer schönen Waldland-
schaft.

Haus und Ateliergebäude ließ sich **Georg Kolbe**
1928/29 von dem Architekten Ernst Rentsch errichten.
Die Bauten entsprechen dem modernen Geschmack der
damaligen Zeit: Es sind schlichte, flachgedeckte Kuben

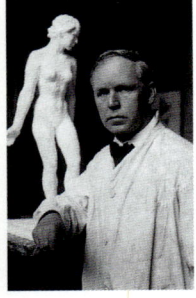

mit asymmetrischer Fensteranordnung; ihr war-
mer, dunkler Backstein aber fügt sich harmonisch
in den Kiefernbestand der Umgebung ein. Das
Wohnhaus wurde von Kolbes Tochter Leonore
und ihrem Mann bewohnt. Kolbe selbst lebte allein im Atelierhaus, seine Frau Benjamine war bereits 1927 verstorben. Der nahe gelegene Friedhof
Heerstraße, auf dem ihr Grab liegt, soll ausschlag-
gebend für den Kauf des Grundstücks gewesen
sein.

Kolbe, um 1925

Das Atelierhaus und der 1995 angefügte Erweiterungs-
bau beherbergen heute die Museumsräume. Neben Kol-

Ehemaliges
Wohnhaus
und Atelier des
Bildhauers

bes Lebenswerk, von den leichten, bewegten Figuren der
Frühzeit bis zu den monumentalen Gestalten der dreißiger
Jahre, sind auch Ausstellungen anderer Bildhauer zu sehen.
Im ehemaligen Wohnhaus kann ein Café besucht werden.

Käthe **KRUSE**

Kunst-
gewerblerin
(1883 Breslau
– 1968 Mur-
nau)

Berlin-Char-
lottenburg,
Fasanen-
straße 13

Mit ihren Töch-
tern Maria und
Sofie, ca. 1907

»Kein Stuhl, kein Tisch, kein Sofa oder Fensterbrett frei, überall: Puppenbeine, Puppenarme, Puppenkörper, Puppenschnitte. Gehäkelte, gestrickte, zugeschnittene Puppenkleidungsstücke, zurechtgelegte, sortierte, ausrangierte, abgezählte, noch nicht durchgesehene, zu verbessernde Puppen [...]«, erinnerte sich **Käthe Kruse** an die Zeit in der Fasanenstraße. In ihrer Wohnung, zwei Stockwerke über dem Atelier ihres Ehemannes, dem Bildhauer Max Kruse (1854–1942), begann sie 1909 ihre bald weltberühmten Puppen herzustellen. Das Warenhaus Tietz in der Leipziger Straße hatte sie gebeten, in der Vorweihnachtszeit die Puppen auszustellen, die sie bisher nur für ihre eigenen Töchter entworfen hatte. Ihre Kreationen waren damals ganz neuartig: Sie besaßen Stoffkörper, unzerbrechliche Köpfe und aufgemalte und daher nicht eindrückbare Augen. Im Gegensatz zu den handelsüblichen, steifen Porzellanpuppen waren sie zum kindgerechten Spielen geeignet. Das ›Rezept‹ ihres Erfolgs aber waren sicherlich die lieblichen Gesichter.

Mit ihren Reform-Puppen, denen ein neues Verständnis von Erziehung zugrunde lag, wurde Käthe Kruse Unternehmerin und eine der erfolgreichsten Frauen ihrer Zeit. In der eigenen Firma in Bad Kösen produzierte sie 1913 bereits 40 verschiedene Puppentypen.

Die berühmte
Puppenmache-
rin lebte hier
von 1909 bis
1912

Fritz LANG

**Filmregisseur
(1890 Wien –
1976 Beverly
Hills / USA)**

**Berlin-Zeh-
lendorf (Dah-
lem), Schor-
lemerallee 7a**

Fritz Lang und seine Frau, die Filmautorin Thea von Harbou (1888–1954), waren ein kongeniales Paar im Film-
geschäft. Seit 1921 mit Lang verheiratet, schrieb Thea bis
1932 alle Drehbücher seiner Filme. Als sie 1930 das Dop-
pelhaus an der Schorlemerallee bezogen, standen sie auf
der Höhe ihrer gemeinsamen Karriere. Schon 1924 waren
sie mit dem Stummfilm ›Die Nibelungen‹ äußerst erfolg-

reich gewesen. 1927 folgte ›Metropolis‹, der
wegen seiner aufwendigen Filmkulisse, einer
utopischen Arbeitsstadt, berühmt wurde. Mit
›M‹ (1931), einem beklemmend-atmosphä-
rischen Film über einen Kindermörder, waren
sie auch im Tonfilm erfolgreich. Das ›Testa-
ment des Dr. Mabuse‹ jedoch wurde bereits
von den Nationalsozialisten verboten, und

Lang (rechts)
bei der Arbeit zu
›Frau im Mond‹
mit seinem Ka-
meramann Curt
Courant, 1929

Lang emigrierte 1933. Seine Frau blieb, trat der NSDAP
bei und ließ sich noch im gleichen Jahr scheiden.

Langs Wohnhaus – Teil einer Versuchssiedlung, die Hans
und Wassili Luckhardt 1928–30 errichteten – zählt zu den
wichtigen Bauten der ›Neuen Sachlichkeit‹ in Berlin. Seine

Die moderne
Doppelvilla
bewohnten Fritz
Lang und Thea
von Harbou
Anfang der
dreißiger Jahre

auf das Einfachste reduzierten klaren Formen, der weiße
Beton und die darunter liegende Stahlskelettbauweise
waren damals radikal modern.

Dokumente zum Wirken von Fritz Lang befinden sich
im Berliner Filmmuseum.

Carl
LANGEN-
SCHEIDT

Verleger
(1870 Berlin –
1952 Berlin)

Berlin-
Zehlendorf
(Wannsee),
Colomier-
straße 1–2

1895, nach dem Tod seines Vaters, des Verlagsgründers Gustav Langenscheidt, übernahm **Carl Langenscheidt** die Leitung des Unternehmens und baute es zum größten

Wörterbuchverlag der Welt aus. Zweisprachige Wörterbücher assoziiert man noch heute mit dem Namen des Verlags.

Der erfolgreiche Verleger gehörte zu den frühen Siedlern am Wannsee, bereits 1899 ließ er sich dort ein Landhaus bauen. Mit seiner Frau Frieda und den vier Kindern verbrachte er hier die Sommermonate. Der Wissenschafts-Verleger Ferdinand Springer und der Maler Max Liebermann gehörten später zu seinen Nachbarn.

Carl Langen-
scheidt

Bodo Ebhardt, der Architekt der Sommervilla, war damals für seine Häuser im historischen Gewand bei wohlhabenden Bauherren bekannt und beliebt. Für das Anwesen der Verlegerfamilie wählte er den Stil eines Renaissancebürgerhauses. Zum Grundstück gehörte ein riesiger Garten mit gewundenen Wegen und einem Bootssteg am Wannsee.

Das Haus ist noch heute im Besitz der Nachkommen. Die große Begräbnisstätte der Familie befindet sich auf dem Friedhof in Stahnsdorf bei Berlin.

Die Sommervilla
der Verleger-
familie

41

Max
LIEBERMANN

Maler
(1847 Berlin –
1935 Berlin)

Berlin-Mitte,
Pariser Platz 7,
›Palais
Liebermann‹

»Wenn se nach Berlin rinkommen, gleich links.« So beschrieb **Max Liebermann** den Weg zu seinem Stadtpalais, das direkt an das Brandenburger Tor grenzte. Nach ausgedehnten Reisen und einem längerem Aufenthalt in München kehrte der ›Ur-Berliner‹ 1884 in seine Vaterstadt zurück und bezog 1892 sein Elternhaus im Zentrum der Stadt.

Das klassizistische Palais – ein Bau von Friedrich August Stüler (1846) – befand sich schon seit Jahrzehnten im Besitz seiner durch Textilhandel zu Wohlstand gelangten jüdischen Familie. Gemeinsam mit seiner Frau Martha richtete er sich eine 9-Zimmer-Wohnung ein. Auch sein Atelier hatte Liebermann hier im Haus; er hat es in eigenen Gemälden dargestellt. Die Wohnräume nahmen eine ansehnliche Sammlung französischer Impressionisten auf, unter denen sich Bilder von Manet, Degas und Monet befanden.

Selbstporträt,
1925 (Neue
Nationalgalerie
Berlin)

Bald wurde Liebermann zur prominentesten Figur der Berliner Sezession, die in Opposition zu der im Deutschen Kaiserreich bevorzugten akademischen Malerei stand. Statt heroischer Themen malten Max Liebermann und seine Mitstreiter Alltagsmotive und entwickelten eine impressionistische Pinseltechnik.

Von den Fenstern seiner Wohnung konnte der hochgeachtete Künstler – er war inzwischen Präsident der Preußischen Akademie der Künste und Ehrenbürger seiner Heimatstadt – 1933 SA-Truppen aufmarschieren sehen, die Hitlers Wahl zum Reichskanzler mit einem Zug durch das Brandenburger Tor feierten. Die Parade kommentierte er mit seinem legendären Ausspruch: »Ick kann ja nich so viel fressen, wie ick kotzen möchte.« Liebermann musste in seinen letzten Lebensjahren Demütigungen durch das Nazi-Regime ertragen. Er verlor seine Ämter, erhielt Arbeitsverbot, seine Bilder wurden aus den Museen ent-

fernt. Durch seinen Tod 1935 blieb ihm Schlimmeres erspart. Seine hochbetagte Frau Martha aber konnte sich ihrer Deportation nach Theresienstadt 1943 nur durch eine Überdosis Schlaftabletten entziehen.

In originaler Form ist der Wohnsitz des Malers nicht erhalten, das Palais wurde im Zweiten Weltkrieg zerstört. Was wir heute an dieser Stelle sehen, ist ein Nachbau des Architekten Josef Paul Kleihues aus den Jahren 1996–98, der sich aber an das Original anlehnt.

Den Bomben entging glücklicherweise die Liebermann'sche Villa Am Großen Wannsee 42. In der 1909 von Paul Baumgarten d.Ä. erbauten Villa verbrachte der Maler mit seiner Familie die Sommermonate. Der Garten, den Liebermann mit Hilfe von Fachleuten selbst gestaltete, war Motiv vieler seiner Gemälde.

Auf dem jüdischen Friedhof an der Schönhauser Allee ist der große Maler begraben. Die Alte und die Neue Nationalgalerie in Berlin zeigen einige seiner bedeutendsten Werke.

Das Elternhaus und spätere Stadtpalais des Malers als moderne Rekonstruktion

Rosa LUXEMBURG

Politische Publizistin (1870 oder 1871 Zamosc/ Polen – 1919 Berlin)

Berlin-Schöneberg (Friedenau), Cranachstraße 58

Rosa Luxemburg, 1907

Die Zeit in der Cranachstraße im gutbürgerlichen Stadtteil Friedenau war für **Rosa Luxemburg** die Phase der beruflichen und politischen Etablierung. Sie engagierte sich im linken Flügel der SPD, war ab 1905 Redakteurin des Parteiblattes ›Vorwärts‹, ab 1907 Lehrerin der Parteischule. Ihr Ruf als begabte Polit-Aktivistin reichte schon bald über Berlin hinaus, sodass Lenin mit seiner Frau am Abend des 4. Januar 1908 in ihrer Wohnung zu Gast war.

Die Stationen ihres kompromisslosen politischen Kampfes und ihre Ermordung sind in Berlin ebenfalls dokumentiert: Als Kriegsgegnerin war sie 1915–16 im ›Königlich-Preußischen Weibergefängnis‹ in der Barnimstraße im Stadtteil Friedrichshain inhaftiert. Am 15. Januar 1919 – wenige Wochen zuvor hatte sie mit Karl Liebknecht die KPD gegründet – wurde sie mit ihm und Wilhelm Pieck in einer Wilmersdorfer Wohnung in der Mannheimer Straße 43 von Freikorps-Soldaten verhaftet. Im Eden-Hotel am Zoo schwer misshandelt, wurde sie tot oder schwer verletzt in den Landwehrkanal geworfen. Erst am 31. Mai wurde ihre Leiche gefunden. Eine Gedenktafel am Katharina-Heinroth-Ufer, nahe des Zoologischen Gartens, erinnert an den Mord. Karl Liebknecht wurde nur wenig entfernt, am Neuen See, erschossen. Mit ihm ist Rosa Luxemburg auf dem Friedhof Friedrichsfelde beerdigt.

Sie wohnte hier von 1902 bis 1911

Jeanne
MAMMEN

Malerin,
Grafikerin
(1890 Berlin –
1976 Berlin)

Berlin-Char-
lottenburg,
Kurfürsten-
damm 29

»Als wir einzogen, gab es nur Gas-
beleuchtung, dabei zwei Stühle,
zwei Staffeleien. Wir schliefen auf
der Erde, auf Matrazen«, erinnerte
sich **Jeanne Mammen** später. Mit
ihrer Schwester Maria Louise hatte
sie 1919 das Atelier im 4. Stock
des Hinterhauses gemietet. Bis zu

Selbstbildnis,
Bleistiftzeich-
nung um 1932

ihrem Tod, also 57 Jahre lang, lebte sie dort.

Jeanne Mammen wurde zwar in Berlin geboren, wuchs
aber in Paris auf. Erst 1916 kehrte sie als ausgebildete
Künstlerin nach Berlin
zurück. Neben ihrer frei-
en künstlerischen Tätig-
keit arbeitete sie für die
Zeitschriften ›Ulk‹ und
›Simplicissimus‹, zeich-
nete aber auch für Mo-
demagazine. In der
NS-Zeit verlor sie ihre
Existenzgrundlage, da
viele der Blätter, für die
sie arbeitete, verboten
wurden. Zeitweise
unterhielt sie einen
Bücherkarren auf dem
Ku'damm.

Ihre Gemälde und
Zeichnungen zeigen das
Berliner Großstadtleben
der zwanziger Jahre:
Revuen, Tanzlokale und
Lesbenclubs, genuss-
süchtige Bourgois, aber
auch Arbeitslose, Armut
und Spelunken. Dargestellt sind oft Frauen: Tanzgirls,
Café-Besucherinnen und Prostituierte.

Auf Anfrage bei der Jeanne-Mammen-Gesellschaft kann
das Atelier besichtigt werden. Begraben ist die Malerin auf
dem Friedhof Stubenrauchstraße im Stadtteil Friedenau.

Wohnung
und Atelier der
Künstlerin von
1919 bis 1976
im Hinterhof
des Hauses

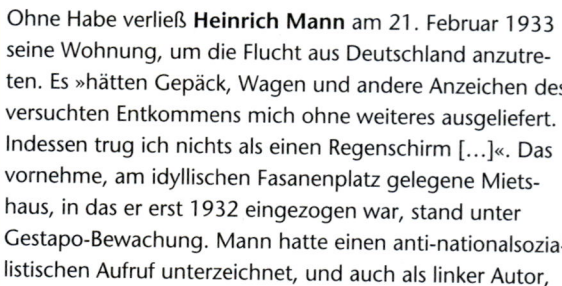

**Schriftsteller
(1871 Lübeck
– 1950 Santa
Monica/Kali-
fornien, USA)**

**Berlin-
Wilmersdorf,
Fasanen-
straße 61**

Ohne Habe verließ **Heinrich Mann** am 21. Februar 1933 seine Wohnung, um die Flucht aus Deutschland anzutreten. Es »hätten Gepäck, Wagen und andere Anzeichen des versuchten Entkommens mich ohne weiteres ausgeliefert. Indessen trug ich nichts als einen Regenschirm […]«. Das vornehme, am idyllischen Fasanenplatz gelegene Mietshaus, in das er erst 1932 eingezogen war, stand unter Gestapo-Bewachung. Mann hatte einen anti-nationalsozialistischen Aufruf unterzeichnet, und auch als linker Autor, der wie im ›Untertan‹ blinde Autoritätsgläubigkeit karikierte, stand er auf der schwarzen Liste.

Berlin hatte ihm 1930 Weltruhm gebracht: Sein Roman ›Professor Unrat‹ war die Vorlage für Sternheims Ufa-Film ›Der blaue Engel‹ mit Marlene Dietrich in der Hauptrolle. »Viel Nachfrage fand ein Hampelmann: mein Kopf und die Beine einer Schauspielerin«, kommentierte der Schriftsteller lakonisch.

Bereits 40 Jahre zuvor hatte er einige Monate als Volontär des S. Fischer Verlags in Berlin verbracht. Sein Roman ›Im Schlaraffenland‹ gibt eine bissig-ironische Schilderung der Berliner Gesellschaft dieser Zeit.

Vor seiner geplanten Rückkehr nach Ost-Berlin, wo er Präsident der Akademie der Künste werden sollte, starb Mann im amerikanischen Exil. Seine Urne wurde 1961 nach Berlin überführt und auf dem Dorotheenstädtischen Friedhof beigesetzt.

Heinrich Mann
an seinem
60. Geburtstag
am 27.3.1931

Von hier aus
floh Heinrich
Mann 1933 aus
Deutschland –
das Foto zeigt
den prächtigen
Fassaden-
schmuck über
dem Hausein-
gang

Ein »Haus für einen Goethe von 1930« wurde das Haus von **Erich Mendelsohn** wegen seiner kultivierten Eleganz genannt. Bekannt geworden durch den Potsdamer ›Einsteinturm‹, war Mendelsohn ein gefragter Avantgarde-Architekt, als er sein eigenes Wohnhaus auf einem Hanggrundstück am Stößensee errichtete. Der Bau ist heute in jeder Architekturgeschichte zu finden, denn er verkörpert die Moderne der zwanziger Jahre schlechthin: Weißer Putz, flaches Dach, schmale Fensterbänder zur Straße, zum Garten große, teils versenkbare Fenster, die einen reizvollen Blick auf die Havellandschaft freigeben. Das Innere war ein modernes Gesamtkunstwerk. Mendelsohn ließ Möbel, Bilder,

Erich MENDELSOHN

Architekt (1887 Allenstein, heute Olsztyn/Polen – 1953 San Francisco)

Berlin-Charlottenburg, Am Rupenhorn 6

Mendelsohn auf der Terrasse seines Hauses, 1931

ja sogar Blumenvasen eigens anfertigen. Auch der Lebensstil im Hause Mendelsohn war sehr kultiviert. Seine Frau Louise, eine Cellistin, gab oft Konzerte. Musikalisch gefeiert wurde vor allem der 21. März: der Geburtstag von Erich Mendelsohn und Johann Sebastian Bach.

Nur wenige Jahre blieben ihnen in ihrem Charlottenburger Heim. Da Mendelsohn als jüdischer Architekt seine berufliche Existenz in Deutschland gefährdet sah, verließen er und seine Frau Berlin bereits am 31. April 1933 – im Handgepäck nur die wichtigsten Habseligkeiten.

Sein Wohnhaus erbaute sich Mendelsohn 1929–30; das Foto zeigt die Gartenseite

**Maler
(1815 Breslau
– 1905 Berlin)**

Berlin-Mitte,
Marien-
straße 22

Häufig ist **Adolph Menzel** umgezogen. Auch als er berühmt und reich war, blieb sein Lebensstil vergleichsweise bescheiden. Er besaß keine repräsentative Villa, wie sein Malerkollege Anton von Werner, sondern lebte und arbeitete immer in gemieteten Räumen. Stets wohnte der eigenbrödlerische Künstler, der zeit seines Lebens Junggeselle blieb, mit seinen beiden Geschwistern Emilie und Richard zusammen.

Das Haus in der Marienstraße, nicht weit vom heutigen Bahnhof Friedrichstraße entfernt, ist die einzige erhaltene Adresse Menzels, der seit 1830 in Berlin lebte. Es war das Haus seines Schwagers, des königlichen Musikdirektors Hermann Krigar, den Emilie 1859 geheiratet hatte. 1860–65 lebte die Familie hier. Zu dieser Zeit war Menzel bereits ein geachteter Künstler. 1861 wurde die erste größere Ausstellung seiner Werke in Berlin gezeigt. Im gleichen Jahr erhielt er den Auftrag, die Krönung König Wilhelms I. zu Königsberg zu malen. Da die Arbeitsräume in der Marienstraße für das monumentale Bild zu klein waren, wurde ihm ein Zweitatelier im Stadtschloss eingerichtet.

Adolph Menzel

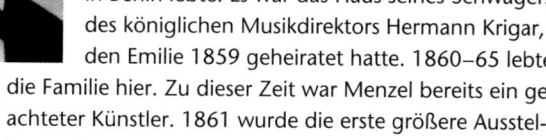

Der nur 1.40 Meter kleine Menzel hatte ein ungeheures Arbeitspensum. Schon als 17-Jähriger hatte er Mutter und Geschwister nach dem frühen Tod des Vaters durch die Herstellung von Lithographien ernähren können. Theodor Fontane, der ihn oft im häuslichen Atelier besuchte, schrieb 1884, Menzel sei »von 9 bis 9 ein Einsiedler in seinem Atelier«.

Menzel mit
seiner Familie,
Bleistiftzeich-
nung 1851

Menzel war der malerische Chronist der friderizianischen Zeit. Hunderte von Zeichnungen und zahlreiche Gemälde schildern das Leben und die Zeit des preußischen Königs Friedrich II. Berühmt ist das ›Flötenkonzert Friedrichs des Großen‹ (1852). Mit dem ›Eisenwalzwerk‹ (1872–75) allerdings schuf er auch eine der ersten Darstellungen der industriellen Arbeitswelt. Menzel malte aber auch gern ganz alltägliche Motive in einer leichten, fast impressionistischen Technik. Immer wieder stellte er seine eigenen Wohn- und Arbeitsräume dar. So zeigt das bekannte kleine Gemälde

›Das Balkonzimmer‹ (1845) sein Wohnzimmer in der zerstörten Schöneberger Straße 18. Es gibt auch stimmungsvolle Ansichten Berlins, wie den ›Blick vom Balkon des Berliner Schlosses‹ oder ›Gewitter am Tempelhofer Berg‹.

Adolph Menzel,
›Das Balkonzimmer‹, 1845 (Alte Nationalgalerie Berlin)

Als einer der bedeutendsten deutschen Maler des 19. Jahrhunderts starb Adolph Menzel hochgeehrt und dekoriert im Alter von 89 Jahren. Im Alten Museum wurde eine Trauerfeier abgehalten, und schon einige Wochen nach seinem Tod richtete die Berliner Nationalgalerie eine große Gedenkausstellung aus. Sie besitzt heute zahlreiche Werke Menzels.

Sein Grab liegt auf dem Dreifaltigkeitsfriedhof an der Bergmannstraße in Kreuzberg.

Marienstraße 22, die einzige erhaltene Adresse des Malers

**Friedrich
Wilhelm
MURNAU**

Filmregisseur
(1888 Biele-
feld – 1931
Santa Bar-
bara/Kalifor-
nien, USA)

Berlin-
Wilmersdorf
(Grunewald),
Douglas-
straße 22

Schon als Student verkehrte **Friedrich Wilhelm Murnau**
in der 1901–02 erbauten Grunewalder Villa. Sie gehörte
damals den Eltern seines Studienfreundes, dem jungen
Dichter Hans Ehrenbaum-Degele. In dem kultivierten
Haushalt einer Opernsängerin und eines Bankiers lernte er
die Dichterin Else Lasker-Schüler kennen und traf auch mit
der Bildhauerin Renée von Sintenis und dem Maler Franz
Marc zusammen. Nachdem sein Freund im Ersten Weltkrieg gefallen war, nahm dessen inzwischen verwitwete
Mutter Murnau 1919 in ihr Haus auf. Er erhielt
dort Wohnrecht auf Lebenszeit, auch als die Villa
nach ihrem Tod an die Universität fiel. Murnau
lebte hier, bis er 1926 nach Hollywood ging.

Murnau in
seinem Haus in
Grunewald

Neben Fritz Lang und G. W. Pabst gehörte er
zu den Filmpionieren der zwanziger Jahre. Er
begann zwar als Schauspieler bei Max Reinhardt,
gründete aber 1919 eine eigene Filmgesellschaft.
Seine Stummfilme wie ›Faust‹ (1926) und ›Nos-
feratu‹ (1922), mit seinen dramatischen Licht- und Schat-
teneffekten, wurden Klassiker.

Murnau starb bei einem Autounfall – kurz vor der Premiere seines Südseefilms ›Tabu‹, der sein einziger Welterfolg werden sollte. Auf dem Friedhof in Stahnsdorf bei
Berlin ist Murnau begraben. Dokumente zu seinem Werk
befinden sich im Berliner Filmmuseum.

Den linken Teil
der Doppelvilla
bewohnte
Murnau von
1919 bis 1926

Hermann
MUTHESIUS

**Architekt
(1861 Groß-
Neuhausen/
Thüringen –
1927 Berlin)**

**Berlin-
Zehlendorf
(Nikolassee),
Potsdamer
Chaussee 49**

Hermann
Muthesius

In den noblen Vororten im Süden Berlins errichtete **Hermann Muthesius** viele Landhäuser, die zum großen Teil noch vorhanden sind. Das 1913 von ihm erbaute Wohn-

haus in der Zehlendorfer Pückler-straße 14 war 1999 sogar zur vorübergehenden Residenz des Bundeskanzlers umgebaut worden.

Seine Häuser verstand Muthesius als Alternative zur Villa der Jahrhundertwende. Ihre Prunk-sucht und die damals übliche Nachahmung historischer Stile waren ihm verhasst. Aus England, wo er sieben Jahre als kultureller Berichterstatter Preußens gelebt hatte, brachte er neue Vorstellungen mit. Sein Credo lautete Natur-nähe und Wohnlich-keit statt Repräsen-tation: keine beein-druckende Straßen-fassade mit düsteren Nordzimmern mehr, sondern zur Sonne gelegene Wohnräu-me mit Gartenzu-gang. Mit Bildbänden warb er erfolgreich für seine Ideen. Vor allem mit seinem Buch ›Das englische Haus‹ gewann er auf-geschlossene Bauher-ren aus gutbürger-lichen Kreisen. Auch das eigene Wohn-haus, das er 1906/07 für seine Familie an der Potsdamer Chaussee erbaute, wur-de unter dem Titel ›Mein Landhaus in Nikolassee‹ in einer Kulturzeitschrift werbewirksam in Szene gesetzt.

Muthesius, der 66-jährig auf einer Berliner Baustelle töd-lich verunglückte, ist auf dem Friedhof in Nikolassee be-graben.

1906/07 baute
Muthesius das
Haus für sich
und seine Fami-
lie – Aufnahme
von der Reh-
wiese

**Rudolf
NELSON**

**Komponist
(1878 Berlin –
1960 Berlin)**

**Berlin-Char-
lottenburg,
Kurfürsten-
damm 186**

Eigentlich wollte **Rudolf Nelson** Kaufmann werden, folgte aber dann seiner Neigung, studierte Musik und arbeitete als Pianist und Komponist in verschiedenen Berliner Kabaretts. Noch nicht 30-jährig übernahm er 1907 das ›Chat Noir‹ in der Friedrichstraße, an das er Claire Waldoff engagierte.

Nelson, 1905

Am Kurfürstendamm, wo der Komponist mit seiner Frau, der Kabarettistin Käthe Erlholz, in den zwanziger Jahren lebte, betrieb er auch ein Theater. Es befand sich im Haus Nr. 217 (heute Astor-Kino). Nelson hatte dort ursprünglich eine kleine Kabarettbühne genutzt und diese 1921 zu einem Theater mit 177 Plätzen umbauen lassen. Die Operetten und Revuen des ›Nelson-Theaters‹ waren damals ausgesprochen populär. Josephine Baker tanzte dort im Bananenröckchen, und kein Geringerer als Kurt Tucholsky schrieb viele Texte zu Nelsons Kompositionen.

**Der Komponist
lebte hier von
1922 bis 1932**

Aufgrund seiner jüdischen Herkunft emigrierte Nelson 1933 in die Schweiz, kehrte aber 1949 nach Berlin zurück. Sein musikalisches Schaffen soll ca. 4000 Titel umfassen. Heute kaum noch bekannte Werke wie ›Nacht der Nächte‹ und ›Frau im Hermelin‹ waren damals Kassenschlager.

Auf dem Waldfriedhof Dahlem ist Nelson begraben.

Friedrich
NICOLAI

Buchhändler,
Verleger,
Schriftsteller
(1733 Berlin –
1811 Berlin)

Berlin-Mitte,
Brüder-
straße 13,
›Nicolaihaus‹

1787 erwarb **Friedrich Nicolai** das damals schon über 100 Jahre alte Haus in der Brüderstraße. Von seinem Freund, dem Maurermeister und Musikprofessor Karl Friedrich Zelter, ließ er es als eigenes Wohnhaus und Sitz seiner berühmten Verlagsbuchhandlung umbauen. Es wurde ein Treffpunkt des geistigen Lebens der Stadt, denn neben Lessing und Moses Mendelssohn war Nicolai einer der Hauptvertreter der Berliner Aufklärung. Auch die Künstler Schadow und Chodowiecki verkehrten hier.

Bronzebüste Nicolais von Johann Gottfried Schadow, 1798 (Alte Nationalgalerie Berlin)

Als Gelehrter trug Nicolai eine stolze Bibliothek zusammen, die mit ca. 16 000 Bänden die größte Privatbibliothek der Stadt gewesen sein soll. Er rief die ›Allgemeine deutsche Bibliothek‹ ins Leben, ein Rezensionsorgan, in dem von 1765 bis 1805 über 80 000 Bücher besprochen wurden. Selbst verfasste er oft satirische Texte, wie die Goethe-Parodie ›Freuden des jungen Werthers‹. Nicolai war auch ein Chronist seiner Stadt: Seine ›Beschreibung der Königlichen Residenzstädte Berlin und Potsdam‹ (1769) vermittelt ein anschauliches Bild vom Berlin des 18. Jahrhunderts.

An der Fassade des Hauses befinden sich weitere Gedenktafeln, die an andere Bewohner und prominente Gäste, wie den Dichter der Befreiungskriege Theodor Körner, erinnern.

Seit 2000 wird das Haus für Ausstellungen des Stadtmuseums genutzt.

Einst Treffpunkt der Berliner Aufklärung

53

Heinrich Graf von PODEWILS

Staatsmann (1695 Pommern – 1760 Magdeburg)

Berlin-Mitte, Klosterstraße 68

Heinrich Graf von Podewils stammte aus pommerschem Gutsadel und machte unter zwei preußischen Königen politische Karriere. Friedrich Wilhelm I. diente er zunächst als Diplomat und Gesandter. 1722 stieg er zum Geheimen Finanzrat und 1739 zum Minister des Auswärtigen auf. Unter Friedrich dem Großen war Graf von Podewils außenpolitischer Berater. Er leitete die Verhandlungen mit den Kriegsgegnern Österreich und Sachsen, die 1742 zu den Friedensschlüssen von Breslau und Berlin führten.

Direkt an der Parochialkirche liegt sein ehemaliges Stadtpalais. Der Architekt Jean de Bodt, der auch am Bau des Berliner Zeughauses beteiligt war, hatte es bereits 1701 bis 1704 für einen Hofrat erbaut. Podewils kaufte es 1732 und ließ es modernisieren.

Glücklicherweise entging das im Zweiten Weltkrieg stark zerstörte Gebäude der Abrisswut der DDR-Regierung.

Das ›Podewil‹, eines der wenigen barocken Adelspalais in Berlin

1952–54 und, nach einem Brand, nochmals 1966–70 wurde es instand gesetzt. So hat sich eines der wenigen barocken Adelspalais in Berlin erhalten. Als ›Podewil‹ wird es heute für Konzerte und Ausstellungen genutzt.

**Industrieller,
Politiker,
Schriftsteller
(1867 Berlin –
1922 Berlin)**

**Berlin-
Wilmersdorf
(Grunewald),
Königsallee 65**

Walther Rathe-
nau, Gemälde
von Edvard
Munch, 1907
(Stadtmuseum
Berlin)

Walther Rathenau war eine der schillerndsten Figuren im Berlin seiner Zeit. In der AEG, die sein Vater Emil gegründet hatte, nahm er leitende Positionen ein. Er schriftstellerte aber auch und verkehrte in den kulturellen Zirkeln der Stadt. Schon während des Ersten Weltkriegs übernahm er wichtige politische Funktionen in der preußischen Regierung.

Erst seit wenigen Monaten Außenminister wurde er am 24. Juni 1922 unweit seiner Wohnung von rechtsradikalen Tätern erschossen. Der Mord galt seiner Politik, die sich um eine akzeptable Erfüllung des Versailler Vertrags bemühte, aber auch dem Juden Rathenau. Unter großer Anteilnahme der Bevölkerung wurde er auf dem Friedhof An der Wuhlheide in Köpenick beigesetzt.

An der Stelle des Attentats in der Königsallee/Ecke Erdener Straße befindet sich ein Gedenkstein.

Seine Grunewalder Villa hat er selbst entworfen, mit Unterstützung des Werksarchitekten Johannes Kraaz. Ihre schlicht-elegante Fassade fällt auf zwischen dem Stilprunk der umgebenden Villen. In seinem hochherrschaftlichen Haushalt empfing der Junggeselle nahezu alle Persönlichkeiten des öffentlichen Lebens, darunter viele Künstler und Schriftsteller. Mit Maximilian Harden, Gerhart Hauptmann und Alfred Kerr, die auch in der Villenkolonie lebten, war er befreundet.

1910 nach
eigenen Ent-
würfen Rathe-
naus erbaut

Max REINHARDT

Theaterregisseur, Schauspieler (1873 Baden bei Wien – 1943 New York)

Berlin-Mitte, Am Kupfergraben 7, ›Magnushaus‹

Im Berlin seiner Zeit sei **Max Reinhardt** »neben dem Kaiser und Zeppelin die bekannteste Erscheinung gewesen«, schrieb sein Sohn Gottfried rückblickend.

Der Österreicher Reinhardt kam 1894 als junger Schauspieler nach Berlin. Bis 1903 gehörte er zum Ensemble des Deutschen Theaters, wo er als ›Pastor Kittelhaus‹ im Hauptmann-Drama ›Die Weber‹ Beachtung fand.

In den folgenden Jahrzehnten baute er in Berlin ein unvergleichliches Theaterimperium auf. Theater mit heute noch klangvollen Namen waren Reinhardt-Bühnen: Unter

den Linden gründete er das ›Kleine Theater‹, wo er mit der deutschen Erstaufführung von Gorkis ›Nachtasyl‹ einen sensationellen Anfangserfolg feierte. 1905 kaufte er seine einstige Spielstätte, das ›Deutsche Theater‹, das er selbst bis 1932 leitete und mit Inszenierungen klassischer und moderner Stücke berühmt machte. Er übernahm auch die Direktion des ›Neuen Theaters am Schiffbauerdamm‹. Mit Shakespeares ›Sommernachtstraum‹ hatte er

Max Reinhardt

auch dort einen großen Erfolg. 1906 etablierte er die ›Kammerspiele‹ und führte dort Ibsens Drama ›Gespenster‹ mit einem Bühnenbild von Edvard Munch auf. Durch Hans Poelzig ließ Reinhardt 1919 das legendäre, leider im Krieg zerstörte ›Große Schauspielhaus‹ errichten. Die riesige, kuppelbekrönte Bühne eröffnete er mit der antiken ›Orestie‹. In den zwanziger Jahren kamen zwei Boulevardbühnen, die ›Komödie‹ und das benachbarte ›Theater am Kurfürstendamm‹, hinzu. Viele seiner üppigen, später mehr und mehr ins Gigantische gehenden Inszenierungen waren damals Sensationen.

Ab 1911 lebte der große Theatermann mit seiner Familie gegenüber der Museumsinsel im ›Magnushaus‹, einem schönen Rokokobau, den Georg Wen-

zeslaus von Knobelsdorff, der Architekt von Schloss Sanssouci, 1753 entwarf. Benannt ist das Haus nach Heinrich Gustav Magnus, der hier 1845 die 1. Deutsche Physikalische Gesellschaft gegründet hat.

Reinhardt selbst lebte mit seiner ersten Frau, der Schauspielerin Else Heims, und den beiden Söhnen im Obergeschoss des Vorderhauses in einer eleganten, mit kostbaren Antiquitäten eingerichteten Wohnung. »Der Thronfolger war am Kupfergraben ein ständiger Gast«, berichtet Reinhardts Sohn Gottfried, während dem Kaiser selbst »die ganze Richtung nicht passte«. Im Erdgeschoss wohnten Reinhardts Mutter, sein Bruder Edmund und seine drei Schwestern, zum Teil mit eigener Familie. Nahezu alle Mitglieder seines Familien-Clans hatte Reinhardt in seinen mächtigen Theaterbetrieb eingespannt.

30 Jahre lang hatte er die Bühnen der Hauptstadt maßgeblich geprägt. Am 28. Februar 1933 verließ Reinhardt Deutschland für immer. Das zynische Angebot einer ›Ehrenarierschaft‹ hat er ausgeschlagen.

Lange Zeit Wohnsitz der Reinhardt-Familie

**Johann
Gottfried
SCHADOW**

Bildhauer
(1764 Berlin –
1850 Berlin)

Berlin-Mitte,
Schadow-
straße 11,
›Schadow-
haus‹

Nur wenige hundert Meter vom Brandenburger Tor entfernt, in der kleinen Schadowstraße, hat der Bildhauer **Johann Gottfried Schadow** sein halbes Leben verbracht. Es wird vermutet, dass er vom Rückflügel seines Hauses sogar die Quadriga im Blick hatte, die er 1789 als Bekrönung des berühmten Tores geschaffen hat.

Von Friedrich Wilhelm Titel, einem Schüler Gontards, ließ sich Schadow das klassizistische Haus 1803–04 erbau-

Schadow im
Atelier, Zeich-
nung seines
Sohnes Felix,
nach 1835 (Alte
Nationalgalerie
Berlin)

en. Es war Wohnhaus, Werkstatt und Lehranstalt. Schadow selbst wohnte mit seiner ersten Frau Marianne und nach deren Tod mit seiner zweiten Frau Henriette im Erdgeschoss. Die Kinder Felix und Lida wuchsen hier auf. Auch Ridolfo und Wilhelm, die erwachsenen Söhne aus erster Ehe, lebten zeitweise hier. In der 1. Etage lebten Schadows Schüler und Gehilfen. Das Atelier lag in einem Quergebäude im Hof. Im Seitenflügel gab es einen Saal zum Aufstellen der fertigen Arbeiten.

Als Schadow sein Wohnhaus bezog, war er einer der führenden Bildhauer des Landes. Fast 17 Jahre leitete er bereits die Hofbildhauerwerkstatt. Zu den ersten Besuchern im Hause zählte Königin Luise. Berühmte Zeitgenossen wie die Brüder Humboldt und Friedrich Schleiermacher verkehrten hier.

Gelehrte, Feldherrn, Aristokraten, Bürger, Künstler und natürlich Angehörige des Hofes hielt Schadow in Standbildern und Büsten fest. Henriette Herz war darunter, der Verleger Friedrich Nicolai und Marianne Schlegel. Schadows Figuren besitzen eine besondere Natürlichkeit. Auch heute kann sich niemand dem Charme der berühmten ›Prinzessinnengruppe‹ entziehen, die Kronprinzessin Luise und ihre Schwester Friederike völlig ungezwungen, ohne jede Hofetikette darstellt. Über seine Bildhauerkunst führte Schadow einen literarischen Streit mit Goethe. In der Zeitschrift ›Propyläen‹ hatte der Dichterfürst die Berliner Kunst kritisiert: Sie sei zu naturalistisch und zu wenig ideal. Schadow verteidigte sich selbstbewusst in der ›Eunomia‹ und protestierte gegen das Weimarer Kunstdiktat. Trotzdem fertigte er 1822 eine Porträtbüste des alten Dichters an.

Auf dem Dorotheenstädtischen Friedhof in der Chausseestraße ist Schadow begraben. Einige seiner Werke, darunter die Prinzessinnen, befinden sich in der Berliner Alten Nationalgalerie. Nach seinem Tod wurde das Wohnhaus mehrfach verändert: 1851 wurde es von Felix Schadow um ein Geschoss erhöht und um den südlichen Seitenflügel erweitert. Das Ateliergebäude im Hof riss man 1909 ab. An der Straßenseite brachte Hermann Schievelbein eine Büste des großen Bildhauers an. An der leider sehr restaurierungsbedürftigen Fassade fehlen zur Zeit die Reliefs mit Darstellungen zur Geschichte der bildenden Künste, die Schadow selbst geschaffen hatte.

Der Bildhauer
lebte hier
ab 1805

**Hans
SCHAROUN**

**Architekt
(1893 Bre-
merhaven –
1972 Berlin)**

**Berlin-Char-
lottenburg
(Siemens-
stadt), Jung-
fernheide-
weg 4–14**

Hans Scharoun baute sich kein repräsentatives Haus wie etwa sein Kollege Erich Mendelsohn. Er zog eine schlichte Wohnung vor – wenn auch im eigenen Wohnblock. Fast 30 Jahre lang, von 1932 bis 1960, lebte er im obersten Stock der Wohnzeile Jungfernheideweg 4–14, im Aufgang Nr. 4. 1929–31 wurde das Gebäude nach Scharouns Entwürfen als Teil der legendären ›Siemensstadt‹ erbaut, damals eine der modernsten Großsiedlungen Berlins, die über die Grenzen der Stadt hinaus bekannt wurde. Er hatte auch den Gesamt-Bebauungsplan erstellt, weitere Zeilen wurden u. a. von Walter Gropius und Hugo Häring errichtet.

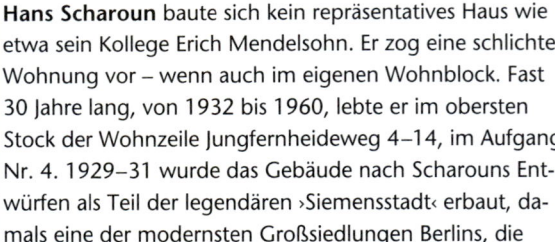

Scharoun, der sich als einer der besten progressiven Architekten der Weimarer Republik etabliert hatte, erhielt nach 1933 keine Aufträge mehr. Während viele seiner Weggenossen emigrierten, blieb er in Berlin und hielt sich mit dem Bau kleiner privater Wohnhäuser über Wasser.

Scharoun, 1965

Erst nach dem Krieg konnte er an seine früheren Erfolge anknüpfen. Er wurde mit einem Wiederaufbauplan für die zerbombte Stadt beauftragt und leitete 1946–58 das Institut für Städtebau an der Technischen Universität. Weltweite Anerkennung brachte ihm der Bau der Berliner Philharmonie (1960–63). Sein zweiter großer Wurf, die Staatsbibliothek an der Potsdamer Straße, konnte erst sechs Jahre nach seinem Tod fertig gestellt werden.

In der Nr. 4 des
Wohnblocks leb-
te Scharoun fast
drei Jahrzehnte

Friedrich Ernst Daniel SCHLEIER-MACHER

Ev. Theologe, Philosoph (1768 Breslau – 1834 Berlin)

Berlin-Mitte, Glinka-straße 16

Friedrich Schleiermacher, Stahlstich von F. Lehmann

Friedrich Schleiermacher war ein großer Prediger, einflussreicher Philosoph und Reformer. 1810 wurde er Professor an der neu gegründeten Berliner Universität, später ihr erster Dekan und 1815/16 Rektor. Er stand den jungen Romantikern nahe und verkehrte im Salon der Henriette Herz. Seine kirchlichen Vorgesetzten sahen seine jüdischen Freundschaften und den Umgang mit der literarischen Avantgarde Berlins nur ungern.

1809–16 war Schleiermacher Prediger an der Dreifaltig-keitskirche. In unmittelbarer Nachbarschaft der inzwischen zerstörten Kirche bewohnte er mit seiner 21 Jahre jüngeren Frau Henriette von Willich und seinen Kindern ein Haus in der heutigen Glinkastraße. Es gehörte zu einem Komplex von drei identischen Gebäuden, die 1738 als Pfarrhäuser erbaut worden waren. Schleiermachers Wohnhaus ist zerstört, die beiden erhaltenen jedoch vermitteln uns ein verlässliches Bild der historischen Situation. Am Haus Nr. 16 erinnert eine Gedenktafel an den Theologen.

Schleiermacher war bei der Berliner Bevölkerung so beliebt, dass bei seinem Tod ein riesiger Trauerzug den Sarg zum Dreifaltigkeitsfriedhof in der Kreuzberger Bergmannstraße begleitete. Hier ist er neben dem romantischen Dichter Ludwig Tieck begraben.

Hier hatte er 1809–1816 eine Dienstwohnung

**Schriftstellerin
(1900 Mainz –
1983 Berlin)**

**Berlin-Trep-
tow (Adlers-
hof), Anna-
Seghers-
Straße 81**

Trotz ihrer Privilegien als sozialistische Vorzeigeschriftstel-
lerin und Präsidentin des Schriftstellerverbandes der DDR
lebte **Anna Seghers** fast 30 Jahre in einer vergleichsweise
bescheidenen Wohnung im ehemaligen Ostberliner Arbei-
terbezirk Adlershof. Die Räume sind heute Gedenkstätte
und können besichtigt werden.

Wie Brecht hatte sich die überzeugte Kommunistin und
bedeutendste antifaschistische Schriftstellerin Deutsch-

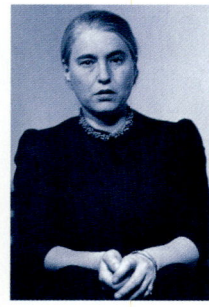

lands, die mit ihrem Roman ›Das siebte Kreuz‹
(1942) weltberühmt geworden war, nach der
Rückkehr aus dem Exil für den Ostteil der Stadt
entschieden.

Schon in den zwanziger Jahren hatte Anna
Seghers mit ihrem Mann, dem ungarischen So-
ziologen Lászlo Radványi, in Berlin gelebt. 1928
– die junge Schriftstellerin hatte im gleichen Jahr
den Kleistpreis für ihre erste Buchveröffentlichung
erhalten – bezogen sie eine Wohnung in der

Anna Seghers,
um 1948

Helmstedter Straße 24 im Stadtteil Wilmersdorf. Als Juden
und Kommunisten extrem gefährdet, flohen beide nach
dem Reichstagsbrand 1933 aus Deutschland.

Das Haus be-
wohnte Anna
Seghers von
1955 bis 1983

Wie Bertolt Brecht und Heinrich Mann ist Anna Seghers
auf dem Dorotheenstädtischen Friedhof in der Chausseestraße begraben. Ihr Nachlass befindet sich in der Berliner
Akademie der Künste.

Arnold von SIEMENS

Ingenieur, Großindustrieller (1853 Berlin – 1918 Berlin)

Berlin-Zehlendorf (Wannsee), Am Kleinen Wannsee 5

Arnold von Siemens

Arnold von Siemens, ältester Sohn des Firmengründers Werner von Siemens, war unter den Ersten, die sich eine Sommerresidenz am Kleinen Wannsee errichten ließen. Der Bau der S-Bahn ermöglichte ein Leben in ländlicher Umgebung, ohne von der Stadt isoliert zu sein, sodass er seine Tätigkeit als Vorsitzender des Aufsichtsrats der Firma Siemens & Halske problemlos wahrnehmen konnte.

Fast schon ein kleines Schloss ist die einst 20 Zimmer umfassende, 1886–89 von Paul und Walther Hentschel erbaute Villa. Im Garten, den Siemens und seine Frau mit ihrem Gärtner entwarfen, findet man das Repertoire eines romantischen Schlossparks: Treppenanlagen, Terrassen, eine Tuffsteingrotte, ein Teehaus und einen Bootshafen. Auf einem künstlichen Hügel wurde ein ruinenartiger Burgturm als Aussichtsplateau errichtet. Edle Baumsorten sind versammelt: Buntbuchen, Platanen, Thuja und Eichen. Der Garten war Kulisse für Familienfeste und Theaterszenen,

aber auch ein Rahmen für offizielle Empfänge, wie etwa beim Besuch der Kaiserin.

Die Anlage ist das größte noch heute erhaltene Anwesen der einstigen Villenkolonie Wannsee. Die Villa selbst, 1950 in ein Krankenhaus umgewandelt, hat durch Aufstockung von zwei weiteren Etagen einiges von ihrem Reiz eingebüßt.

Ehemalige ›Siemens-Villa‹

**Ferdinand
SPRINGER**

Verleger
(1846 Berlin –
1906 Berlin)

Berlin-
Zehlendorf
(Wannsee),
Am Großen
Wannsee
39–41

Das ›Haus Springer‹ ist heute eines der interessantesten Baudenkmale im Bezirk Wannsee und wohl bekannter als sein Bauherr, der Verleger **Ferdinand Springer**. Er ließ sich das Landhaus 1901 errichten. Der prominente Alfred Messel, Erbauer des einst weltberühmten Kaufhauses Wertheim am Leipziger Platz, war der Architekt des Hauses.

Die Bauweise war in der Villenkolonie damals ganz ungewöhnlich, ja neuartig. Während benachbarte Häuser wie ein Renaissancefachwerkhaus oder ein mittelalterliches

Tudorschlösschen aussahen, schuf Messel ein echtes Landhaus, ganz frei von historischen Stilkopien. Mit Natursteinen und Schindeln erzielte er eine malerische Wirkung.

Durch Neubauten verdorben ist heute das Gartengrundstück. Ursprünglich hatte es fast die Dimension eines Parks; Gewächshäuser, Gärtnerhaus, Teepavillon und eine Gartenhalle gehörten dazu.

Ferdinand Springer war 1871 in den Verlag seines Vaters Julius eingetreten. Mit seinem Bruder Fritz (1850–1944),

Ferdinand Springer (links) mit seinem Bruder Fritz (Mitte) und Vater Julius am Schachtisch, um 1866

einem gelernten Ingenieur, baute er das Unternehmen zu einem führenden Wissenschafts- und Technikverlag aus, wobei sie ihre Verbindungen zu den damals aufstrebenden Berliner Industriefirmen wie Telefunken, Siemens oder der AEG zu nutzen verstanden.

Eines der schönsten Häuser der Villenkolonie Wannsee

»Sprache ist eine Waffe, haltet sie scharf.« Mit diesen Worten von **Kurt Tucholsky** erinnert eine Gedenktafel in der Bundesallee 79 an den bedeutenden Berliner Schriftsteller, Journalisten und Kritiker. In dem 1911 erbauten Haus lebte er vier Jahre mit seiner Frau Else Weil, der ›Claire‹ aus seiner berühmten Erzählung ›Rheinsberg‹. 1924 trennte sich das Paar. Im selben Jahr heiratete Tucholsky Mary Gerold und ging als Korrespondent nach Paris.

Tucholsky, 1931

Unter den Pseudonymen Peter Panter, Theobald Tiger, Ignaz Wrobel und Kaspar Hauser schrieb er Essays, Kritiken, Chansons und Gedichte in einer unterhaltsam-frechen, aber auch sehr menschlichen Tonart. 20 Jahre war er Mitarbeiter der Berliner ›Weltbühne‹, die er mit Carl von Ossietzky zu einer der einflussreichsten kritischen Zeitschriften der Weimarer Republik aufbaute.

›Tucho‹ war ein waschechter Berliner. Als ältester Sohn eines jüdischen Kaufmanns wurde er in Moabit, Lübecker Straße 13, in einer Mietwohnung im 2. Stock geboren.

Er, der lange vor dem Nationalsozialismus gewarnt hatte, emigrierte schon 1929 nach Schweden. Damit kam er den Nazis zuvor, die ihn 1933 ausbürgerten. Verzweifelt über die politische Entwicklung nahm sich Tucholsky, der, wie Erich Kästner sagte, »mit der Schreibmaschine eine Katastrophe aufhalten wollte«, 1935 das Leben.

Tucholsky lebte hier von 1920 bis 1924

**Claire
WALDOFF**

Sängerin,
Kabarettistin
(1884 Gel-
senkirchen –
1957 Bad
Reichenhall)

Berlin-
Schöneberg,
Regensburger
Straße 33

Claire Waldoff galt als ›Ur-Berlinerin‹, stammte aber aus Gelsenkirchen und kam erst 1906 nach Berlin. Sie machte hier schon bald auf sich aufmerksam, und sogar der gefürchtete Kritiker Alfred Kerr äußerte: »Man muß sich einen neuen Namen merken: Claire Waldoff – Ein originelles Talent, auf das man neugierig sein muß.«

Ihre beste Zeit hatte sie in den zwanziger Jahren mit spektakulären Auftritten im ›Wintergarten‹ in der Friedrichstraße und im ›Kabarett unter den Linden‹. Sie sang Schlager, Operettenlieder und Chansons von Kurt Tucholsky und Friedrich Hollaender. Die Berliner aber liebten sie für ihre Gassenhauer wie ›Nach meene Beene is ja janz Berlin varrückt‹. Wie kein anderer Star verkörperte sie die Berliner Volksseele. Rothaarig und von kleiner, stämmiger Figur war sie auch äußerlich das lebende Klischee der kessen Berlinerin.

Die Waldoff
(rechts) mit
Margo Lion in
den zwanziger
Jahren

In ihrer großen Wohnung im gutbürgerlichen Stadtteil Schöneberg, die sie mit ihrer Lebensgefährtin Olga von Roeder in ihrer Berliner Glanzzeit bewohnte, empfing sie häufig Gäste, zu denen auch

Sie lebte hier
von 1919
bis 1933

ihr langjähriger enger Freund Heinrich Zille gehörte.

In der NS-Zeit galt Claire Waldoff als unerwünscht, trat aber weiterhin auf. 1939 zog sie sich in die Provinz nach Bayrisch Gmain zurück.

Anton von
WERNER

Maler
(1843 Frankfurt/Oder –
1915 Berlin)

Berlin-Tiergarten, Potsdamer Straße
81a (im Hof
des ›Tagesspiegel‹)

Anton von
Werner, 1900

Der »gottbegnadete Meister der Kunst«, wie **Anton von Werner** von Wilhelm II. genannt wurde, war ein wahrer Malerfürst und ein mächtiger Kunstpapst. Als Hofmaler schuf er offizielle Darstellungen von Staatsereignissen, Schlachten und Hoffeierlichkeiten; er porträtierte die Mitglieder des Kaiserhauses und hohe Militärs. Seine Bilder, darunter ›Die Kaiserproklamation zu Versailles‹ (1877), entsprechen dabei mehr der Auffassung des Herrscherhauses als der Realität.

Als Kulturpolitiker bekämpfte er jede moderne Kunstrichtung. Erst die 1892 von ihm veranlasste skandalöse Schließung der Edvard-Munch-Ausstellung schwächte seine Macht: Sie führte zur Gründung der Berliner Sezession, der auch sein großer Widersacher Max Liebermann angehörte.

Sein Wohnhaus gehörte zu einem Ensemble von ursprünglich sechs Stadtvillen, die Ernst Klingenberg, der Architekt des ›Begas-Winkel‹, 1873/74 erbaut hatte. Es war ein Treffpunkt der

vornehmen Berliner Gesellschaft. Angehörige des Kaiserhauses und des gehobenen Bürgertums ließen sich im Dachatelier malen. 1988 wurden Ausmalungen der Räume freigelegt: Der Maler selbst hatte sie mit historischen Themen, Märchenszenen und mythologischen Darstellungen ausgestattet.

Berliner Museen besitzen Werke Anton von Werners. Für den Mosaik-Fries im Säulenschaft der Siegessäule lieferte er die Entwürfe.

In dem schmalen Wohn- und Atelierhaus (links im Bild) lebte der Maler mit seiner Familie mehr als 40 Jahre bis zu seinem Tod 1915

**Theodor
WIEGAND**

**Archäologe
(1864 Ben-
dorf/Rhein –
1936 Berlin)**

**Berlin-
Zehlendorf
(Dahlem),
Peter-Lenné-
Straße 28–30**

Mit den Ausgrabungen der altgriechischen Städte Priene,
Didyma, Pergamon und Milet hatte sich der Archäologe
Theodor Wiegand bereits in jungen Jahren weltweite
Anerkennung erworben. 1911 siedelte er nach Berlin über,
um dort die Leitung der Antikenabteilung der Preußischen
Museen zu übernehmen.

Sein Wohnhaus im noblen Vorort Dahlem, das er mit
seiner Frau Marie von Siemens im Frühjahr 1913 bezog,
hat kein Geringerer als der prominente Architekt
Peter Behrens für ihn entworfen. Dessen AEG-Tur-
binenhalle in Moabit war einer der berühmtesten
Neubauten im wilhelminischen Deutschland.

Wiegands Haus war repräsentativer Wohnsitz
und Heim eines Archäologen zugleich: Vor allem
mit dem großen Säulenhof, durch den man das
Haus betritt, spielte Behrens auf Bauten des Alter-
tums an. Nicht nur die Innenräume, auch Garten und
Terrasse schmückten zahlreiche Fundstücke: Ein römischer

Wiegand, 1908

Altar, byzantinische Kapitelle und antike Säulen. Reliefreste
wurden in die Terrassenmauer eingelassen.

In dem von
Peter Behrens
erbauten Wohn-
haus lebte Wie-
gand von 1913
bis zu seinem
Tod 1936

20 Jahre blieb Wiegand Direktor des Berliner Antiken-
museums. 1932 wurde er Präsident des Deutschen Archäo-
logischen Instituts in Berlin, das in dem ehemaligen Wohnhaus heute seinen Sitz hat.

Friedrich Heinrich Ernst Graf von WRANGEL

Generalfeldmarschall (1784 Stettin – 1877 Berlin)

Berlin-Steglitz, Schloßstraße 148, ›Herrenhaus Steglitz‹

Wrangel im Revolutionsjahr 1848

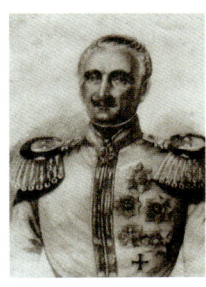

Friedrich H. E. von Wrangel, ein Offizierssohn, stieg in preußischen Diensten bis zum Generalfeldmarschall auf. Noch als 80-Jähriger kommandierte er die preußischen Truppen im Krieg gegen Dänemark.

Eine unrühmliche Rolle spielte Wrangel in der 1848er-Revolution. In der Nacht des 9. November marschierte er mit 30 000 Soldaten in Berlin ein und verhängte den Belagerungszustand. So kehrte in der Stadt zwar Ruhe ein, aber auch alle Ansätze zu einer Verfassungsreform wurden erstickt. Sein resoluter und gewitzter Charakter machte Wrangel trotz allem im Volk beliebt. Er galt als Berliner Original und trug den Beinamen ›Papa Wrangel‹.

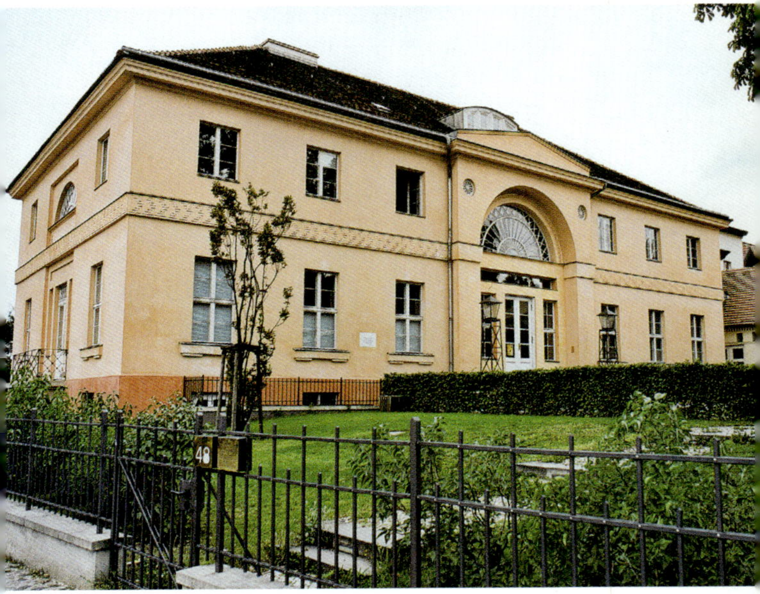

24 Jahre lang der Wohnsitz von ›Papa Wrangel‹

Ab 1853 lebte er im ehemaligen Herrenhaus Steglitz, das noch heute ›Wrangelschlösschen‹ genannt wird. Die frühklassizistische Architektur des Gebäudes – 1804 von den herausragenden Baumeistern David Gilly und Heinrich Gentz für den Geheimen Kabinettsrat Carl Friedrich Beyme errichtet – ist einmalig in Berlin.

**Heinrich
ZILLE**

Maler,
Zeichner,
Fotograf
(1858 Rade-
burg/Sachsen
– 1929 Berlin)

Berlin-
Charlotten-
burg, Sophie-
Charlotten-
Straße 88

37 Jahre lang lebte und arbeitete **Heinrich Zille** in dem typischen Berliner Mietshaus im Charlottenburger Kiez, nicht
weit vom Schloss Charlottenburg entfernt. Seine ebenso
mitfühlenden wie humorvollen Darstellungen aus dem
Milieu des Berliner Proletariats machten ihn zum populärs-
ten und beliebtesten Künstler der Stadt. Er malte das Elend
in den Mietskasernen, verwahrloste Hinterhof-Kinder, die
Nöte der Frauen, aber auch die kleinen Freuden seines

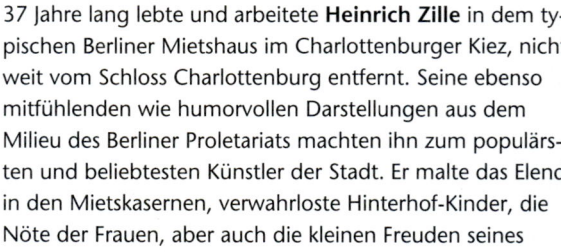

›Milljöh‹ – stets mit einem Kommentar im Berliner
Jargon versehen. Zille lachte über die Zustände,
»um nicht gezwungen zu sein, darüber zu weinen«,
sagte Max Liebermann.

1867 war er mit seinen Eltern nach Berlin über-
gesiedelt und hatte selbst in ärmlichen Verhältnissen gelebt. Seinen Lebenslauf beschrieb er so:
»Meine erste eigene Wohnung war im Osten Berlins im Keller; nun sitze ich schon im Berliner Westen, vier Treppen hoch, bin also auch gestiegen

Wohnung und
Atelier Zilles von
1892 bis 1929

oben: Selbst-
bildnis beim
Aktzeichnen,
1901

[...]. Jetzt, 1924, bin ich sogar Mitglied der Akademie geworden. Dazu schreibe ich das, was das völkische Blatt,
der ›Fridericus‹ sagt: Der Berliner Abort- und Schwanger-
schaftszeichner Heinrich Zille ist zum Mitglied der Akademie der Künste gewählt und als solcher vom Minister
bestätigt worden. – Verhülle, o Muse, dein Haupt.«
  Zilles Grab befindet sich in Stahnsdorf bei Berlin.